INVENTAIRE
V 40,671

Catalogue avec les prix

16 fevrier· 1809

CATALOGUE

DE LA

PRÉCIEUSE ET RARE COLLECTION

DE TABLEAUX,

COMPOSANT LA CURIOSITÉ PARTICULIÈRE

De feu PIERRE GRAND-PRÉ,

ET LES ARTICLES DE SON COMMERCE.

CATALOGUE

D'UNE RARE ET PRÉCIEUSE COLLECTION

DE TABLEAUX

PAR LES PLUS GRANDS MAITRES DES TROIS ECOLES.

Terres cuites, Groupes, Figures et Vases en bronze, Vases des plus riches matières d'Egypte, vieux Laque, Porcelaines rares du Japon et de la Chine, Meubles de cabinet par Boulle etc.

PAR J. LANGLIER ET A. PAILLET.

Comprenant la curiosité particulière de feu Pierre Grand-Pré, et les articles de son commerce.

Dont la Vente, au plus offrant et dern'er enchérisseur, s'en fera publiquement le 16 Février 1809, et jours suivans de relevée, en la grande salle de l'hôtel de Bullion, rue J. J. Rousseau.

L'Exposition de tous les Aricles décrits au présent Catalogue, aura lieu pendant les matinées des quatre jours qui précéderont la veille de la Vente.

SE DISTRIBUE A PARIS,

Chez
{
LANGLIER, rue des Petits - Augustins, N°. 3;

ALEX. PAILLET, rue Vivienne, N.° 18;

et M. JALUZEAU, Commissaire-Priseur, rue de Cléry, N.° 34.
}

V

40671

INTRODUCTION.

La mort qui vient de frapper subitement *Pierre Grand-Pré*, le plus riche propriétaire du commerce de Tableaux, vient en même tems d'ouvrir les portes du trésor qu'il avait amassé en chefs-d'œuvre des grands Maîtres, qu'il a eu la constance de cacher à tous les regards pendant plus de vingt années; ainsi que d'écarter, par ses refus, toutes les demandes qui lui étaient adressées de l'étranger, sur la seule renommée de ses achats.

Pierre Grand-Pré a pris assez tard le parti de placer la fortune qu'il avait déjà, dans le commerce dangereux et difficile des Tableaux des anciens Maîtres dans toutes les Ecoles. Uniquement guidé par son goût et la résolution de s'attacher principalement aux productions les plus rares et les plus renommées, qui devaient lui assigner un rang distingué parmi les Amateurs, et un nom dans les Arts ; craintif sur son propre choix, il résolut de voyager pour s'instruire et former des liaisons utiles de correspondance qui, en le facilitant dans ses projets, lui présentassent encore les moyens de choisir des morceaux authentiques et nouveaux dans leur véritable source. L'Ecole Hollandaise avait obtenu sa préférence, autant par la réalité de sa valeur que par le charme de son exécution que les imitations n'ont jamais pu atteindre.

Arrivé à Amsterdam, il ne tarda pas à être connu et renommé comme le plus grand Amateur et le plus délicat dans son choix. Généreux envers ceux qui l'aidaient dans ses recherches, il ne pouvait manquer de connaître les articles les plus importans de toutes les provinces, même les plus cachés, et presque ignorés dans tout le Nord - Hollande, la Frise, etc., par l'austérité des anciennes maisons hollandaises, dont il adopta depuis le système pour lui-même. Ses acquisitions furent si brillantes et si rapides qu'elles attirèrent sur lui l'attention et la jalousie de ceux qui suivaient la même carrière; c'est alors qu'il redoubla de zèle et d'activité, ainsi que ses agens, pour faire de nouvelles découvertes, qu'il manquait rarement, parceque la hauteur des prix n'était point un obstacle pour lui.

Le commerce de *Pierre Grand-Pré* était divisé en deux classes très-distinctes, savoir les Morceaux de premier ordre qu'il se réservait, et les articles de tout genre et de bon goût, qui en servant son commerce, lui ont valu un cours d'affaire tellement lucratif, qu'ils ont couvert au-delà les intérêts des magnifiques Tableaux qu'il destinait à la composition d'une galerie digne de l'admiration des plus grands Amateurs de l'Europe, et de son ambition d'en être reconnu pour le propriétaire; et si les circonstances ont éloigné ses grandes vues, il était du moins soutenu par l'espoir de les réaliser un jour ayant obtenu le plus difficile, qui était de rassembler un aussi grand nombre de Tableaux, qui sont autant de miracles de leurs Auteurs.

Libres de notre opinion par la confiance de ses héritiers, il était inutile de chercher des attributions aux Auteurs inconnus, avec d'autant plus de raison encore, que la masse des beaux Morceaux est plus que suffisante pour donner à notre Catalogue tout l'éclat qu'il mérite, et l'on en jugera par la nomenclature fidelle des Maîtres ci-après : *S. del Piombo*, *Giorgion*, *Guido Reni*, *Pesares*, *Fr. Albane*, *A. Véronèse*, *Salvator*, *Ribera*, *Maria Crespi*, *Ph. Lauri*, *And. Sacchi*, *Fr. Solimène*, *C. le Lorrain*, *N. Poussin*, *S. Bourdon*, *E. Le Sueur*, *Person*, *L. de la Hire*, *Ph. de Champagne*, *Ant. Watteau*, *J. B. Pater*, *Ant. Van Dick*, *J. Jordans*, *Gonzales*, *J. Miel*, *Van Uden*, *Le Nain*, *Rembrandt*, *Ph. de Koning*, *N. Berghem*, *Ad. et J. Van Ostade*, *A. Cuyp*, *G. Schalken*, *J. Both*, *Aries de Voys*, *G. Dou*,

*J. B. Weninx, A. Pinaker, J. Ruysdael,
P. de Hooge, J. Asselyn, Verkollier, Ver-
boom, Barent Graat, etc., etc.*

A la collection des Tableaux décrits jusqu'au N.° 172, se joignent encore un grand nombre d'Articles de belle curiosité, consistant en Groupes, Figures et Bas-reliefs en terre cuite, du meilleur goût et de la plus grande force de *Clodion;* Bronzes de grand volume et des fontes les plus soignées; différens Vases précieux par leur matière et leur travail, en porphire d'Egypte, serpentin antique, granit oriental, jaune de Sienne, etc. etc. Camées antiques de grand volume. Quelques Pièces de vieux laque, nombre de Morceaux de porcelaine du Japon et de la Chine, dans les formes les plus variées et les plus curieuses; et enfin une Suite précieuse de beaux Meubles en marqueterie, par *Boulle* et dans son genre; qui conviennent seuls à la magnificence et au style imposant d'un Cabinet.

L'Exposition publique de tous ces beaux Articles, qui aura lieu pendant les matinées des quatre jours qui précéderont la veille de la Vente, depuis onze heures jusqu'à trois, mettra les Amateurs à même de juger si nos détails sont exacts, et s'ils répondent au zèle et à la sincérité qui nous ont dirigé.

Il sera dressé une Feuille indicative des N.ᵒˢ qui composeront chaque Vacation, dans l'ordre où ils seront vendus, que l'on délivrera les jours d'exposition.

CATALOGUE

DES

TABLEAUX,

BRONZES, TERRES CUITES, MARBRES,

Et autres Objets curieux qui composaient la curiosité et le commerce de feu PIERRE GRANDPRÉ.

TABLEAUX.

ÉCOLE D'ITALIE.

PIOMBO (SÉBASTIEN DEL).

N.º 1.ᵉʳ *Peint sur toile , haut.* 66 *, larg.* 50 *p.*

CE sujet de caractère, qui a très-rarement été traité par la Peinture, représente la Bonne et la Mauvaise Mère , pris dans le moment où la première est profondément endormie , tan-

A

dis que l'autre substitue son Enfant mort à la place du sien qu'elle tient dans ses bras, et paraissant fuir avec précipitation. Cette composition, d'un grand style de dessin, est éclairée par une lampe qui pend du haut du Tableau, et se détache sur de riches draperies.

Ce morceau de Galerie est rendu avec toute l'énergie et toute la force que demandait un pareil Sujet; les Artistes particulièrement y reconnaîtront les plus belles parties de l'Art.

GIORGION (LE).

2.　　*Peint sur toile , larg. 29 , haut. 18 p.*

Une composition de sept Personnages formant un Concert dans un site de paysage agreste. Tableau de la plus riche couleur, d'une exécution forte et savante, et aussi très-intéressant et curieux par ses costumes pittoresques et singuliers.

GUERCHIN.

3.　　*Peint sur toile , haut. 16 , larg. 12 p.*

L'Esquisse terminée du grand sujet de Saint Grégoire que possède le Muséum.

Morceaux précieux pour le Cabinet d'un Amateur, ou pour servir d'Etude à un Artiste.

RENI (GUIDO), dit LE GUIDE.

4 *Peint sur toile , haut. 70 , larg. 56 p.*

La Fortune planant sur le Monde et distribuant ses Richesses. Elle est personnifiée sous la figure d'une belle Femme de carnation blonde, et accompagnée de l'Amour qui semble l'arrêter à sa volonté par sa longue chevelure.

Le même sujet gravé par *Strange* , ne pouvait-être répété que par le *Guide* lui-même. L'élégance du dessin , la finesse et la fraîcheur des teintes , joint à un pinceau large et de la plus belle fonte, ne peut pas élever de doute sur son authenticité , ce qui est encore justifié par des changemens sensibles. Ce morceau de Galerie, bien conservé , demanderait néanmoins une restauration soignée, pour ne pas altérer la finesse de la touche; et l'on s'est fait un devoir de laisser intacts tout les Tableaux de la Collection, pour ne pas donner lieu au moindre reproche.

P E S A R E S (Simon de).

5.   *Peint sur toile , larg.* 38 , *haut.* 3o *p.*

Un repos de la Sainte-Famille dans un fond de Paysage indiquant un site d'Egypte. La gauche présente la Vierge assise , et dans le moment qu'elle alaite son Fils , et regarde un Ange qui lui présente une palme. Saint Joseph, du côté opposé , est occupé à retirer d'un sac les provisions d'un repas; deux Anges qui sont au milieu du Sujet, apportent des Fleurs et sont dans l'attitude du respect et de l'adoration.

Ce morceau de chevalet, rempli de grâce dans son exécution et ses détails, est de forme ovale en hauteur.

ALBANE (FRANÇOIS).

6.   *Peint sur toile , larg.* 35, *haut.* 28 *p.*

La Madeleine prosternée devant Jésus-Christ, dans le moment qu'elle venait visiter son tombeau , et apportant des parfums. On voit au second plan , à droite du sujet, les deux Anges qui ont annoncé aux Saintes Femmes la résurrection du Sauveur ; ils sont assis sur le Tombeau, et dans l'attitude de l'adoration et du recueillement. Cette partie se détache sur un fond de hautes Montagnes où l'on découvre encore un point de vue indiquant la ville de Jérusalem·

PAR LE MÊME.

7. *Peint sur toile , larg. 48 , haut. 34 p.*

Vénus endormie et mollement couchée sur un coussin rouge et une belle draperie , dans un riche site de Paysage. Elle est vue entièrement nue sous un rideau largement drapé , suspendu dans les arbres.

Plusieurs Amours sont distribués dans la composition, dont trois semblent veiller sur cette Déesse , tandis qu'un autre fait des efforts pour arrêter Adonis qui se présente à la droite du Sujet, au retour de la chasse, tenant une Pique de la main droite et de l'autre ses Chiens , qui semblent vouloir l'écarter de ce lieu.

Cette aimable production, composée avec tout

le charme et les grâces ordinaires à ce Peintre , serait susceptible de quelques restaurations qui deviendraient avantageuses pour lui rendre sa première harmonie en conservant son éclat.

VÉRONÈSE (ALEXANDRE).

8. *Peint sur toile , haut.* 19 *, larg.* 14 *p.*

Ce Tableau de chevalet, et précieux du Maître, représente le sujet de Jésus - Christ porté au Tombeau, composition de six Figures principales. Le Sauveur soutenu par Saint Jean et Joseph d'Arimathie, offre le plus beau Groupe dans le milieu du sujet, qui est éclairé à la lueur d'un flambeau que tient un Personnage marchant sur la droite ; du côté opposé, la Madeleine prosternée, dans la plus profonde douleur, forme un admirable contraste et la plus belle opposition aux autres détails ; sur un plan très-éloigné, du même côté, on voit encore la Vierge évanouie dans les bras des Saintes Femmes.

Cette production pathétique et de caractère, mérite d'être classée au nombre des beaux Ouvrages du Maître, autant par son mérite que par sa belle conservation.

RIBERA (JOSEPH), dit l'ESPAGNOLET.

9.   *Peint sur toile, haut.* 26, *larg.* 22 *p.*

Une Tête de caractère, qui paraît être le Portrait d'un Poëte, autant par sa physionomie expressive et spirituelle, que par une Plume qu'il tient de la main droite, et de l'autre un Papier où sont tracés quelques caractères.

Cette admirable Etude, par la force du coloris et l'énergie de la touche, présente un de ses modèles précieux qui devraient être recueillis par une Ecole de Peinture.

ROSA (SALVATOR).

10.   *Peint sur toile, larg.* 24, *haut.* 18 *p.*

Deux Tableaux de chevalet, dignes de fixer l'attention des Amateurs, autant par leur touche large et savante, que par l'éclat du coloris et l'extrême rareté d'en rencontrer d'aussi autenthiques. Ils représentent des sites pittoresques de Paysages sévères, mêlés de belles Roches avec Prairies coupées par des Rivières, et quelques Arbres légérement feuillés, qui se détachent sur des fonds de ciel clairs et argentins.

Ces Morceaux de choix sont d'une qualité égale à leur parfaite conservation, et de cette agréable proportion demandée pour les Cabinets.

LAURI (PHILIPPE).

11. *Peint sur toile, haut. 17 , larg. 14 p.*

Ce petit Sujet représente Jésus - Christ en Jardinier, apparaissant à la Madeleine qui est prosternée à sa gauche. Ces deux figures se détachent sur un fond de Paysage. Joli échantillon du Maître.

SOLIMENE (FRANÇOIS).

12. *Peint sur toile, haut. 72 , larg. 54 p.*

Le sujet de Jacob endormi sur un Tertre au pied d'un grand Arbre, et pendant sa vision de l'Echelle des Anges qui descend vers la droite, d'une Gloire céleste.

Très-beau Tableau qui est encore enrichi de plusieurs Animaux répandus sur le premier plan, par *Rosa de Tivoli.*

PAR LE MÊME.

13. *Peint sur toile, haut.* 27, *larg.* 22 *p.*

Ce Sujet de forme ovale, représente Sainte
Thérèse en extase à l'apparition du Christ
dans sa Gloire, soutenu et environné d'Anges.
Ce petit morceau, d'une couleur vigoureuse et
d'un précieux fini, paraît avoir servi de guide
à l'Artiste pour un plus grand ouvrage.

ÉCOLE FRANÇAISE.

GELÉ (CLAUDE), dit LE LORRAIN.

14. *Peint sur toile, larg.* 50, *haut.* 37 *p.*

La représentation imposante et majestueuse
d'un beau site de Rome, et de la plus vaste
étendue, où se trouvent réunis sur toute la partie droite, et dans un plan éloigné, les plus
riches détails, dont l'Arc de Septime Sévère ;
le deuxième plan, dans le milieu, offre un nombreux troupeau de Bœufs qui traversent le Tibre

pour rentrer dans la Ville ; une masse d'Arbres forme la plus belle opposition et le plus grand intérêt sur la partie gauche. Le tout se détache sur un ciel clair et lumineux chargé de nuages légers ; le premier plan est encore enrichi de quatre belles Figures assises au bord du Tibre, et d'un Homme qui conduit un Bateau.

Nous regrettons de ne pas avoir trouvé de renseignemens du défunt sur la filiation de ce beau Tableau, qu'il regardait comme une des grandes richesses de sa Collection.

GELÉ (CLAUDE), dit LE LORRAIN.

15. *Peint sur toile, larg.* 16, *haut.* 12 *p.*

Ce charmant Tableau représente le Point de vue d'un Port de Mer, dont toute la partie droite est occupée par une grande Porte de belle Architecture et une Tour carrée à laquelle se lie un groupe d'Arbres, et plus loin d'anciennes Fortifications ; sur la gauche, et en opposition, dans un beau ton de demi-teinte, sont deux Navires à l'ancre, dégarnis de leurs voiles. Le premier plan offre un terrain qui borde la Mer, dont une légère agitation indique l'heure de la

Marée montante. Cette partie est enrichie de six Figures, dont trois conduisent une petite Barquette.

Cet admirable petit Tableau, par son effet piquant dans la distribution des lumières, ainsi que par sa touche facile et précieuse, offre dans son ensemble comme dans ses détails, une des productions heureuses de ce célèbre Peintre.

PAR LE MÊME.

16. *Peint sur toile, larg. 38, haut. 31 p.*

Le Point de vue d'un Port de Mer, composition d'un riche détail, dont l'effet très-brillant est pris au Soleil levant, qui se réfléchit sur l'eau. Toute la partie gauche présente un bel Edifice d'Architecture, accompagné de plusieurs Tours et de quelques Navires; la droite fait voir un Fort avancé dans la Mer, près duquel est une grande Barque et différens autres Bâtimens enrichis de leurs agrès. Les premiers plans sont ornés de diverses figures de Matelots, Charpentiers et autres Personnages.

Ce Tableau, d'un bel aspect par son effet piquant et vigoureux, est de cette touche libre et hardie qui caractérise l'habile Peintre qui a voulu sortir pour un moment de sa manière très-étudiée.

GELÉ (CLAUDE), dit LE LORRAIN.

17. *Peint sur toile, larg. 54, haut. 42 p.*

Ce Tableau, d'un grand effet, pris à l'heure du couchant, représente le riche Point de vue d'un Port de Mer dont toute la partie droite offre de beaux Edifices d'Architecture, entre-mêlés d'Arbres qui les détachent avec avantage. Le côté opposé présente plusieurs Navires garnis de leurs agrès, qui forment une belle opposition par leurs détails. Les premiers plans sont enrichis de dix-huit Figures sous différens Costumes.

Cette production, dans sa première conservation, a dû offrir un des Ouvrages distingués du Maître ; mais nous ne pouvons pas dissimuler qu'il a besoin d'une grande restauration, particulièrement dans toute la partie du Ciel. Notre devoir était de le laisser dans l'état où il fut trouvé.

POUSSIN (NICOLAS).

1 . *Peint sur toile, larg. 53, haut. 44 p.*

Cette composition de riche ordonnance,
offre le sujet d'une Bacchanale et Fête au Dieu
des Jardins. Dans le milieu du premier plan on
voit un beau groupe de deux Femmes et un Enfant.
Derrière elle est un Satyre dans l'action de
boire, ayant devant lui un jeune Faune qui
joue de la flûte. Un Fleuve et quatre Enfans
se distinguent encore dans l'éloignement au
pied d'un groupe de grands Arbres. Vers la
droite est un Piédestal où s'élève la Statue
du Dieu des Jardins, qu'un Satyre et des Enfans sont occupés à parer de fleurs. Cette riche
composition se détache sur un Ciel nébuleux
frappé d'un coup de lumière piquant dans son
horizon.

Ce Tableau, d'un bel aspect, ne peut laisser
aucun doute sur son originalité dans l'une des trois
manières de ce Maître, qui a souvent varié et
répété ses mêmes Sujets toujours avec des
changemens marquans.

POUSSIN (NICOLAS).

19. *Peint sur toile, larg. 60, haut. 40 p.*

Thisbé à genoux, dans l'attitude et l'expression de la plus profonde douleur, et près de Pyrame mourant, étendu sur une draperie verdâtre, au pied d'un Arbre, sur la droite du Sujet. Du côté opposé on voit l'Amour désolé brisant son arc. Un fond de Paysage sévère et silencieux, pris à l'heure du crépuscule, donne à ce Tableau l'effet le plus imposant. Sur un plan très-élevé de la partie gauche, et dans le lointain, on aperçoit le Lion qui est la cause de cet événement.

Ce morceau de caractère offre encore une belle variété des différens tems du Maître.

PAR LE MÊME.

20. *Peint sur toile, haut. 28, larg. 22 p.*

Le Point de vue d'un Paysage riche dans ses détails, et néanmoins sévère. Le premier plan est orné du sujet de la Muse de l'Histoire, accompagnée de trois Enfans qui jouent de divers Instrumens.

PAR LE MÊME.

21. Peint sur toile, larg. 22, haut. 18 p.

Un autre bon Tableau entièrement composé d'Edifices, Fabriques et Rivières qui ressortent sur un Ciel chaud et brillant, indiquant un site d'Italie. A la gauche se distingue un Tombeau d'un bon style et d'un véritable intérêt. Tout le premier plan offre de beaux Terrains où sont jetés des débris de Colonnes. Quelques Figures de la touche la plus soignée, sont répandues sur les différens plans, et contribuent à la richesse de cette production de caractère.

PAR LE MÊME.

22. Peint sur toile, larg. 42, haut. 32 p.

Ce Tableau qui porte le caractère du Maître, autant par le grand style de sa composition que dans plusieurs parties de sa touche, offre le sujet de Moïse exposé sur le Nil, caractérisé par la Figure d'un Fleuve occupant la partie gauche. Ce morceau étant connu par l'Estampe, nous bornerons ici cette simple description.

BOURDON (Sébastien).

23. *Peint sur toile , haut. 84 , larg. 70 p.*

Ce beau Tableau de Galerie représente la Femme adultère présentée devant Jésus-Christ. Elle est debout et soutenue par des Soldats , dans le plus grand abattement et la confusion ; les deux Vieillards accusateurs sont prosternés sur la gauche du sujet, et lisent les paroles que J.-C. a tracées pour les confondre. Cette composition de dix Figures de grande proportion naturelle , se détache sur un beau fond d'architecture.

On ne peut rien présenter de plus imposant en peinture, tant par la noblesse des caractères que par le grand style du dessin, le jet des draperies, et enfin cette finesse de couleur que *le Bourdon* n'a jamais manquée dans tous ses Ouvrages. Nous ne doutons pas que celui-ci sera distingué comme une des heureuses et magnifiques productions de l'Ecole française.

PAR LE MÊME.

24. *Peint sur toile , larg. 48 , haut. 36 p.*

Cet autre Tableau, encore d'une rare qualité dans la belle proportion des morceaux de chevalet, représente Jésus-Christ assis près du puits où la Samaritaine, avec deux de ses compagnes, étaient venues pour puiser de l'eau. Le peintre a pris le moment où Jésus-Christ lui demande à boire. Cette femme étonnée de ce qu'un Juif lui parlait, lui en marque sa surprise ; Jésus-Christ la prêche et la convertit à lui. Quatre disciples de Jésus se voyent encore à sa droite. Un beau fond de paysage avec quelques Fabriques et Monumens se détachent sur l'horizon.

PAR LE MÊME.

25. *Peint sur toile, haut.* 37, *larg.* 31 p.

Un sujet de la Sainte Famille dans un fond de paysage indiquant un site d'Egypte. La Vierge que l'on voit dans le milieu du sujet, tient son Fils dans ses bras, qui joue avec un Chardonneret, tandis que le petit Saint Jean lui présente une Couronne de fleurs.

PAR LE MÊME.

26. *Peint sur cuivre, haut.* 14, *larg.* 11 p.

Deux Tableaux très-opposés au genre sévère

de l'histoire, où *le Bourdon* a tenu sans contredit le premier rang. Ceux que nous allons décrire offrent dans l'un, plusieurs Familles de mendians à la porte d'un Monastère où l'on distribue des aumônes. L'autre Tableau représente une Halte de militaires et autres personnages sous une Voûte en ruine, les uns jouant aux cartes, d'autres autour d'un feu sur un plan plus éloigné, quelques-uns sous une espèce de tente sont occupés à tirer du vin d'un tonneau.

Les Ouvrages *du Bourdon* qu'il appelait ses *Bambochades*, ont une finesse de touche et de ton qui les rapprochent des Maîtres flamands dont il était l'admirateur. Ceux-ci joignent à ces avantages, celui d'une parfaite harmonie dans leurs effets.

LA HIRE (LAURENT DE).

27. *Peint sur toile, forme ov., haut.   , larg.*

Le Tableau que nous allons décrire paraît être le Sujet d'Abraham en voyage avec sa famille et ses nombreux Troupeaux, d'après l'ordre qu'il avait reçu de Dieu, d'aller habiter

une autre terre. Ce Chef-d'œuvre de l'art, dont
il est difficile de donner la juste idée de ses
immenses détails par une simple description
qui en exprime le mouvement, la grâce et le
charme de l'exécution, sous les rapports religieux de son Sujet est tellement admirable,
qu'il élève *Laurent de la Hire*, et le classe
parmi les premiers Peintres de notre ancienne
Ecole française.

Dans le plus beau Site de paysage et de la
plus vaste étendue, enrichi de monumens d'architecture qui occupent toute la partie gauche,
on voit une foule de personnages variés d'attitudes, d'ajustemens et de caractères, aux-
quels se mêlent les immenses Troupeaux de ce
Patriarche, que l'on voit en avant et vers la
droite, accompagné d'un Ange qui semble lui
indiquer le chemin qu'il doit prendre. Tous les
premiers plans couverts d'Hommes, de Femmes
et d'Enfans, ainsi que plusieurs animaux échap-
pés de la marche principale, font croire que
le Peintre a voulu prendre le moment d'une
halte où chacun se place à son gré, pour
former des groupes aussi ingénieux que natu-
rels.

Il est peu d'ouvrages en peinture, qui présentent autant de richesse et d'intérêt. Nous ne doutons point de l'étonnement des Amateurs et des Artistes, à la vue d'une aussi belle conception, et qu'ils diront avec nous, qu'aucun Ouvrage connu de ce grand Artiste ne peut lui être préféré.

LA HIRE (LAURENT DE).

28. *Peint sur toile, larg. 41, haut. 37 p.*

Deux Sujets allégoriques aux mathématiques et à l'agriculture personnifiées par deux belles Femmes drapées de bon style et vues à mi-corps, qui se détachent sur des fonds de riche architecture mêlée de paysage.

Ces Tableaux et le suivant attendent et méritent une restauration.

PAR LE MÊME.

29. *Peint sur toile, larg. 53, haut. 39 p.*

Ce troisième Tableau encore très-fin d'exécution et d'un beau choix de draperies, représente la Musique sous la figure d'une femme accordant un Luth. On y voit encore divers accessoires qui la caractérisent.

LE BRUN (CHARLES).

30.   *Peint sur toile, haut. 84, larg. 66 p.*

Ce Tableau imposant par le grand style de sa composition, la beauté de ses caractères et sa grande dimension pour l'ornement d'une Galerie, représente la chaste Suzanne accusée par les vieillards, et dans le moment que le jeune Daniel se présente pour la défendre.

Cette composition de la plus riche ordonnance, et qui réunit toutes les perfections de l'art, soutient dans son ensemble comme dans ses détails, la célébrité du plus grand génie de notre Ecole.

CHAMPAGNE (PH. DE).

31.   *Peint sur toile, haut. 84, larg. 60 p.*

Le Sujet de la Crêche, composition de dix Figures de grandeur naturelle. La Vierge placée à la droite, découvre son Fils à la curiosité des Bergers qui viennent l'adorer, et forment le plus beau groupe dans toute la partie gauche. Parmi eux et dans le milieu, on distingue un Vieillard en tunique blanche et prosterné, qui apporte un Agneau pour présent. Le haut de cette composition sage et vraiment religieuse, est encore enrichi de deux Anges qui soutiennent la Banderole de l'*Agnus Dei*.

Ce Morceau de Galerie, du faire précieux de ce grand Peintre, présente en même tems l'avantage d'être d'une belle conservation.

CHAMPAGNE (Ph. de).

400 - 32. *Peint sur bois, haut. 72, larg. 50 p.*

Le Portrait du grand Richelieu, dans ses habits de Cardinal. Ce personnage de caractère est représenté assis, s'appuyant de la main droite sur le bras de son Fauteuil, l'autre portée sur un Prié-Dieu. Cette figure imposante par la fierté de ses traits et sa grande proportion de nature, présente un des Ouvrages marquans de *Ph. de Champagne*. Il a été exécuté pour la Sorbonne, où il était placé sur la cheminée de la grande Salle d'assemblée.

Une légère restauration et un riche cadre

rendraient à ce beau Tableau tout l'éclat qu'il doit avoir.

PAR LE MÊME.

33.   *Peint sur toile, haut. 46, larg. 36 p.*

Le portrait du maréchal Bassompière, représenté debout jusqu'aux genoux, et de face, dans le riche habillement de guerrier, tenant de sa main droite le Bâton de Maréchal, et le coude gauche sur son Casque. Cette belle Figure se détache sur un fond de paysage du ton le plus vigoureux. Le Peintre a tiré le plus grand parti de ce beau costume, autant par le précieux de l'exécution, que par l'intérêt qu'il a su mettre dans tous les détails.

Cet article est aussi curieux sous le rapport de l'art, qu'il doit être intéressant pour les Amateurs qui rassemblent les portraits des personnages illustres. Nous regrettons de le présenter sans la restauration qu'il méritait, sur-tout étant d'une parfaite conservation.

PAR LE MÊME.

34. *Peint sur toile, haut. 59, larg. 44 p.*

Le Sujet de l'Annonciation. Composition

sage , dont la proportion des Figures est de petite nature. Morceau qui serait précieux pour un oratoire. On le distingue encore par le Saint Esprit dans une Gloire.

CHAMPAGNE neveu.

35.   *Peint sur toile, haut.* 36 *, larg.* 28 *p.*

L'extase de Sainte Thérèse à l'apparition d'une Gloire céleste, ayant à sa droite un Ange qui dirige une Flèche sur son cœur.

LE SUEUR (EUSTACHE).

36.   *Peint sur toile, haut.* 50 *, larg.* 48. *p.*

Abraham et Sara venant d'offrir un Sacrifice, sont prosternés à la vue d'un Ange qui vient leur annoncer de la part de Dieu, que leur sacrifice lui est agréable et qu'ils auront un fils. Le Peintre a pris le moment du départ de l'Ange après ses paroles.

Ce beau Sujet est traité dans le plus grand caractère, et présente dans toute son exécution un des Ouvrages les plus dignes de la célébrité de ce maître, dont les Morceaux de chevalet sont très-rares.

PAROCEL (CHARLES).

37.   Peint sur toile, haut. 39, larg. 33 p.

Ce Tableau plein de chaleur dans le coloris et l'exécution, représente des Généraux **qui** reconnaissent la position d'une Forteresse, ayant à leur suite un Ingénieur qui en trace le plan. On remarque encore, entr'autres détails de richesse, sur la partie droite, des Soldats qui gardent deux Chevaux au pied d'un **grand** Arbre.

Il suffirait de cette production pour juger **du** grand art de ce fameux Peintre de notre École, dans le genre de la bataille et des siéges, **qu'il** a traité avec le plus grand succès.

RAOUX (JEAN).

38.   Peint sur toile, haut. 33, larg. 9 p.

Ce Sujet très-aimable et plein de grâce, représente une jeune Fille conduite devant la Statue du Dieu des jardins, par une Prêtresse de son temple, pour offrir un sacrifice; ce **qui** est indiqué par une riche Cassolette où brûlent des parfums. Le fond du Tableau offre une Galerie de belle architecture, où l'on découvre encore dans un plan reculé, à droite, l'Amour fatigué se reposant sur un Sopha. Un Autel, un Vase d'or et des Guirlandes de fleurs forment accessoires sur la droite du premier plan.

Nous ne pouvons pas faire un éloge plus complet et plus mérité de ce joli Tableau, qu'en rappelant aux Amateurs, qu'il a fait partie de la rare et magnifique collection de *Randon de Boisset*, qui le faisait remarquer comme son Morceau le plus précieux dans son Ecole française. *Voyez son Catalogue*, N.º

WATTEAU (Antoine).

39.　*Peint sur toile, haut.* 34*, larg.* 24 *p.*

Un Tableau de la plus riche couleur, d'une touche spirituelle et d'un dessin aussi fin que correct. Il représente le Sujet agréable de divers Personnages, Hommes, Femmes et Enfans, rassemblés sous un grand Vestibule d'architecture, pour faire de la musique et prendre une collation. La Figure qui se fait distinguer davantage dans le milieu de la composition, est un Homme de la plus belle figure, dans un habillement espagnol, qui est dans le mouvement d'accorder sa Guitare. Un vaste point de vue de paysage présente encore de riches détails dans le lointain, qui se détachent avec autant d'art que de goût sur un ciel frais et brillant. Il a été gravé sous le titre du *Concert champêtre*.

40.　　　PAR LE MÊME.

　Un petit Tableau très-curieux dans le genre d'imitation *du Titien*. Il représente cinq Personnages vus à mi-corps, occupés à faire de la musique. Un coloris chaud et infiniment d'esprit dans les caractères des têtes, présentent une étude précieuse du Maître.

VLEUGHEL (dit le Chevalier).

41.　*Peint sur bois, larg.* 12, *haut.* 9 *p.*

　Deux Tableaux, Sujets de fable. L'un représente Diane accompagnée de ses Nymphes sortant du Bain, et dans le moment qu'elle découvre la grossesse de Calisto; l'autre, d'un égal intérêt, offre le Sujet de l'enlèvement d'Europe.

Les Ouvrages de ce Peintre généralement agréables, ont toujours été recherchés des Amateurs.

PATER (JEAN-BAPTISTE).

42. Peint sur toile, larg. 20 *, haut.* 17. p.

Deux Tableaux faisant pendant et d'un égal intérêt pour l'agrément et la richesse de leur composition Ils offrent différentes Scènes champêtres; l'un un Repas, l'autre une Promenade où sont représentés nombre de Personnages des deux sexes et de tous âges, dans les plus élégans Costumes du tems.

C'est une justice à rendre à ces deux charmantes productions, que de les annoncer comme les plus parfaites de cet aimable Peintre, qui joignait à l'agrément de son genre, une exécution facile, une touche ferme et spirituelle, toujours soutenue du plus bel émail de couleur.

COURTOIS (GUILLAUME).

43. *Peint sur toile, haut. 66, larg. 44. p.*

Ce beau Tableau de place par sa forme en hauteur, représente le Point de vue curieux et pittoresque d'un Lac très-élevé qui se précipite dans un détroit et tombe en Cascade en se répandant sur tout le premier plan. Dans le milieu de ces eaux limpides et du plus beau jeu de transparence, on voit plusieurs Pêcheurs dans l'action de tirer leurs Filets ; à la droite, sur une Montagne escarpée formant différens plans, on voit encore plusieurs Villageois gardant leurs troupeaux, et d'autres Personnages indiquant une chasse à l'oiseau. Un grand Arbre d'un admirable feuillé fait une belle opposition et une grande richesse sur la gauche, en se détachant avec éclat sur un Ciel clair, argentin et chargé des plus beaux nuages.

Cette production brillante et du plus beau faire, est aussi d'un véritable intérêt par la magnificence du Point de vue.

PAR LE MÊME.

44. *Peint sur cuivre, larg. 12, haut. 10 p.*

Un petit Tableau de la première finesse et

digne de la belle manière de *C. le Lorrain.* Il représente un agréable site de Paysage dont toute la partie droite offre une masse d'Arbres , et du côté opposé, de riches Côteaux et Montagnes Le Peintre a placé sur le devant de son Sujet une prédication de Saint Jean.

BOULLOGNE (Louis de).

45. *Peint sur cuivre , larg.* 9, *haut.* 6 *p.*

Ce petit tableau très-fin et gracieux par son Sujet , représente une jolie Femme nue et mollement couchée sur un Lit ajusté des plus riches draperies.

BERTIN (Nicolas).

46. *Peint sur toile , haut.* 34 , *larg.* 28 *p.*

Abraham et sa Femme offrant un sacrifice. Dans ce moment un Ange leur apparaît et leur annonce, de la part de Dieu, qu'ils auront un fils. Le fond du Tableau représente un désert. On voit encore à la gauche du premier plan et près de l'autel , les accessoires d'un sacrifice.

Morceau d'une composition sage et d'un excellent ton de couleur.

LEMOINE (FRANCOIS).

47. *Peint sur toile, haut. 26, larg. 22 p.*

Une composition des plus aimables, offrant le Sujet de l'enlèvement d'Europe, au moment de son départ, ses compagnes étant encore occupées à la parer de fleurs. Un Paysage au bord de la Mer, sert de fond à ce charmant Morceau qui est d'un excellent goût de couleur et de touche.

PAR LE MÊME.

48. *Peint sur toile, haut. 30, larg. 24 p.*

Un autre Tableau plus sévère par son Sujet et la force de son exécution. Il représente Achille, enfant, confié au Centaure Chiron. Composition de caractère, dans un fond de Paysage mêlé de Rochers, offrant un site agreste.

PAR LE MÊME.

49. *Peint sur toile, haut. 15, larg. 11 p.*

Ce petit Tableau est l'esquisse terminée du Sujet de Narcisse, traité plus en grand par ce Peintre qui a honoré à juste titre l'Ecole Fran-

çaise par ses grands Travaux dans le genre de
l'allégorie et de l'histoire.

VERNANSAL.

50.   *Peint sur toile, larg. 27, haut. 11 p.*

Ce Tableau de forme longue, paraît représenter des Missionnaires en Egypte, dans le moment
où ils opèrent un miracle en présence de différens Personnages qui sont dans la surprise et l'admiration.

Les Ouvrages de ce Peintre, en petits Sujets,
ne sont pas communs, et font honneur à notre
École.

PAR LE MÊME.

51.   *Peint sur toile, haut. 14, larg. 9 p.*

Un autre petit Tableau, esquisse terminée du
grand Sujet traité par ce Peintre, représentant
le miracle de l'Aveugle né. Composition de neuf
Figures formant un groupe de caractère qui ressort avec intérêt sur un fond d'Architecture et de
Paysage.

DETROYE le père.

52.   *Peint sur toile, larg. 48, haut. 36 p.*

Le Sujet des Anges qui viennent chercher la Famille de Loth parmi les Sodomistes qui sont à l'instant frappés d'aveuglement. Composition d'un beau mouvement et d'une excellente harmonie dans son ensemble.

PIERSON (CHRISTOPHE).

53.   *Peint sur toile, larg. 52, haut. 36 p.*

Le sujet de Mercure enlevant Hersée qui était parmi ses sœurs occupée à cueillir des Fleurs. Le fond du Tableau offre un beau Site de Paysage, et l'indication d'une Ville dans le lointain de la partie gauche.

Cette composition aimable est rendue avec cet excellent goût de touche et de couleur qui a classé cet Artiste au nombre des bons Peintres de son tems.

PAR LE MÊME.

54.   *Peint sur toile, larg. 23, haut. 19 p.*

Le Point de vue d'un riche paysage offrant

dans le milieu du second plan une grande étendue de Prairie accompagnée de masses d'Arbres
à droite et à gauche. Le peintre a placé sur tout
le premier plan le sujet d'un repos en Égypte, où
se voit la Vierge tenant son Fils et servie par
deux Anges, tandis que deux autres sont occupés
de conduire l'Ane vers une Mare. Du côté
opposé l'on voit encore Saint Joseph ayant un
grand livre devant lui. Morceau d'une belle
exécution et d'une composition sage.

PERIER ou SARABATE.

55. *Peint sur toile , larg. 48 , haut. 36 p.*

Cette composition de riche ordonnance, présente le sujet de Godefroi de Bouillon dans sa
tente et blessé. Il est assis dans le milieu du premier plan , et entouré de ses amis et de ses offi-
ciers , dans le moment où il se laisse panser. En
soutenant le caractère du héros, on voit qu'il ne
peut résister à la douleur de cette opération ; le
sentiment de l'inquiétude et de l'intérêt des assis-
tans, est exprimé sur leur visage et par leurs
attitudes différentes. A la droite et à l'entrée de
la tente, une foule de soldats se présentent pour
demander leur Général ; mais ils sont maintenus

par des sentinelles chargées d'ordre pour en défendre l'approche. Tous les premiers plans sont enrichis de divers accessoires, comme Vases, Casques, parties d'Armures, etc. etc.

Il n'est pas commun d'avoir à décrire des morceaux de chevalet de ces Artistes, qui ont été le plus souvent employés à de grands ouvrages. Celui-ci ne serait pas déplacé auprès d'une composition du *Dominiquin*, autant par son style que par le précieux de ses détails.

STELLA (JACQUES).

56. *Peint sur toile, haut. 40. larg. 31 p.*

Le sujet de l'Annonciation, composition sage et aimable où l'on voit à la gauche du premier plan la Vierge debout devant son Prié-Dieu, les mains croisées sur la poitrine, et les yeux baissés sur la terre. Du côté opposé, l'Ange porté sur un nuage et prosterné, vient lui annoncer sa destinée ; une gloire de Chérubins porte sa lumière éclatante sur tous les détails du Tableau, qui présente la grâce du pinceau de cet Artiste, le beau style de son dessin et de ses draperies.

C *

VILQUIN.

57. Peint sur toile, larg. 42, haut. 27 p.

Jésus-Christ près du Jourdain, au milieu de ses disciples et du peuple qui le suivait, opère en leur présence la guérison de l'Aveugle né. Cette scène intéressante et de caractère, se passe dans un site de Paysage imposant et d'un riche détail de Fabriques, Côteaux et Montagnes qui se terminent à l'horizon par un Ciel chaud et largement nuagé. Un groupe de trois Figures sur le premier plan à gauche, ajoute encore à l'intérêt de cette belle composition.

Ce Peintre d'un vrai mérite, annonce par cet Ouvrage, qu'il avait adopté le style et la marche de son Maître *N. Poussin*.

PAR LE MÊME.

58. Peint sur toile, larg. 19, haut. 12 p.

Le Sujet de Joseph qui vient au-devant de ses Frères et se fait reconnaître. Composition d'un bon style et d'une belle distribution dans les différens groupes.

DIEU (ANTOINE).

59. *Peint sur toile, haut.* 38, *larg.* 30 *p.*

Le Sujet de la décolation de Saint Jean, composition de huit Figures occupant tout le premier plan du Tableau. Dans un intérieur de Prison d'un style sévère, le Peintre a pris le moment où l'on présente la Tête de ce Saint à Hérodias, qui la reçoit avec le caractère de la vengeance. Cette action se passe sur un Plan élevé qui distingue les deux circonstances du sujet.

MAUPERCHÉ et CHAPRON.

60. *Peint sur toile, larg.* 42, *haut.* 30 *p.*

Un site de Paysage offrant sur toute la partie droite une Masse de Rocher caverneux dans la profondeur duquel on voit le Sujet d'un sacrifice. Le premier plan à gauche offre encore une Famille de Satyres et Bacchantes assis au bord d'un Canal qui conduit à des Lointains, et l'horizon d'un ciel brûlant.

PATEL (PIERRE).

61. *Peint sur toile, larg.* 48, *haut.* 32 *p.*

Ce Tableau brillant de ton et d'exécution, représente dans toute la partie gauche, de belles Ruines d'Architecture entremêlées d'Arbres; au milieu du premier plan, une Rivière serpente dans une chaîne de Montagnes. Quelques Figures librement touchées, sont distribuées sur les différens plans.

PATEL le fils.

62. *Peint sur toile, larg.* 27, *haut.* 18 *p.*

Cet excellent Tableau de Paysage, offre dans toute la partie gauche une Masse de Roches mêlées d'Arbres et de quelques Fabriques baignées par un grand Lac qui se répand en cascades sur le premier plan. On y voit pour principaux personnages, une Femme qui conduit un Enfant.

GILLOT

63. *Peint sur toile, larg.* 34, *haut.* 25 *p.*

Ce Tableau d'une excellente distribution de lumière, représente le Point de vue d'un Parc à l'heure de la promenade, où se voient rassemblés une quantité de Personnages formant des groupes aussi variés qu'agréables.

Ce peintre qui a marché sur les traces de

Watteau et de *Pater*, a tellement approché de ses modèles, qu'il a souvent occasionné des méprises. Ce Tableau est une de ses plus heureuses productions.

LANTARA (JEAN).

64. *Peint sur toile, larg. 16, haut. 14 p.*

Un charmant Point de vue de Paysage baigné par une Rivière qui occupe tout le premier plan, et traversée d'un léger Pont dans l'éloignement à la gauche, et qui se perd dans l'horizon. Parmi les différentes Fabriques on voit une Tour indiquant la situation d'un Château fort.

Les Ouvrages de cet excellent Paysagiste se font remarquer par un beau style de composition et par une intelligence d'harmonie qu'il n'a jamais négligée dans ses moindres Sujets; celui que nous présentons est d'un bon choix et digne de la réputation de l'Auteur.

ECOLE FLAMANDE.

DICK (ANTOINE VAN).

65. *Peint sur toile, haut. 70, larg. 58 p.*

Ce beau Tableau de Galerie représente la

Vierge sur un nuage, tenant dans ses bras son Fils qu'elle présente à Saint François qui est prosterné et en adoration, les mains croisées sur sa poitrine. Un grand Livre ouvert forme accessoire sur le premier plan.

Cette composition sage et remplie de grâces, offre l'exécution précieuse qui convient à ce Sujet religieux et plein de douceur. Beau style de draperie, dessin élégant et correct, belle fraîcheur de carnation, tels sont les rapports qui caractérisent le pinceau de *Van Dick*, parmi plusieurs Sujets qu'il a exécutés pour les églises. Le défunt en a fait l'acquisition dans l'étranger après une longue correspondance, désirant depuis long-tems un Morceau de renommée pour former la tête de la galerie qu'il projetait. Nous devons croire que cette opinion sera confirmée par les Connaisseurs et Amateurs qui recherchent les productions de première ligne en peinture.

JORDANS (JACQUES).

66. *Peint sur toile, haut.* 72, *larg.* 69 *p.*

Le Sujet de la chaste Suzanne surprise au Bain par les Vieillards. Elle est représentée dans

l'attitude et le caractère de l'effroi, en se réfugiant vers une Fontaine de riche Architecture
qui occupe toute la partie gauche. Les deux Vieillards, du côté opposé, cherchent à la retenir par
une large draperie dont elle voulait se couvrir.

Ce Tableau de galerie est touché dans la manière large et hardie de ce grand Artiste, et dans
cette force de coloris qu'il avait prise dans l'Ecole
de son maître, le célèbre *Rubens*. Il est aussi très-
recommandable sous le rapport des beaux caractères dans ses têtes, et du mouvement naturel
de ses Personnages.

SEGERS (GÉRARD).

67.   *Peint sur cuivre, larg.* 20, *haut.* 13 *p.*

Le Reniement de Saint Pierre, Morceau précieux de cet habile Peintre, connu par la gravure.
Dans un intérieur de Corps de garde qui sert de
fond à la composition, on voit dans toute la
partie droite six Soldats autour d'une Table,
jouant aux cartes, et chacun dans des caractères expressifs et variés d'attitudes. Du côté opposé est un autre groupe de Personnages parmi
lesquels on distingue Saint Pierre près de la
Servante de Pilate, qui le reconnaît.

Ce petit Tableau précieux sous tous les rapports de l'art, justifie la célébrité de ce Peintre toujours juste dans ses effets, et plein d'énergie dans ses caractères.

MIEL (JEAN).

68. *Peint sur toile, larg.* 36, *haut.* 26 p.

Un des Tableaux de choix et du plus bel aspect que l'on puisse présenter de cet estimable Artiste, autant par la clarté de son effet général, que par cette touche ferme et savante qu'il a su mettre dans les caractères et les attitudes de ses personnages, selon le sentiment du Sujet qu'il a voulu représenter. Ce Morceau dans une belle proportion de chevalet, offre plusieurs Napolitains du peuple, rassemblés au pied d'une grande Fabrique, formant différens groupes sur tout le premier plan du Sujet. On en distingue deux parmi les spectateurs, qui s'amusent à leur jeu familier appelé *la Mora*, dont *Jean Miel* a fait un grand usage dans nombre de ses compositions. A la droite on voit encore un Homme qui sort d'une Écurie, tenant un bât ; d'autres détails de Figures et accessoires, ajoutent à l'intérêt de ce bel Ouvrage qui fixe l'attention par son extrême vérité.

NEER (ART. VAN DER).

69. *Peint sur bois , larg.* 58 , *haut.* 38 *p.*

Ce Tableau du plus rare mérite et que l'on peut donner avec assurance comme un Chef-d'œuvre d'intelligence de clair obscur, offre le Point de vue d'un beau Site de Paysage de la Flandre, dont toute la partie droite présente une Masse d'Arbres frappée vigoureusement par un coup de Soleil, à l'heure du couchant ; à la gauche et dans le lointain on distingue l'Entrée d'un gros Village, et en avant un Troupeau de moutons gardé par un jeune Pâtre. Les premiers plans sacrifiés à l'effet général, laissent briller un groupe de quatre Figures de pêcheurs occupés à retirer leurs filets d'un étang, par *D. Teniers.* Cette richesse sur le devant du Sujet, en ajoutant à son intérêt et à sa valeur, présente les grands talens réunis de deux Artistes qui ont lutté avec un égal succès. Voyez le N.º 91 par *N. Berghem,* que nous indiquons de la même dimension de celui-ci, comme le pendant le plus heureux que l'on puisse lui donner. Nous assurons que cette rare production réunit au brûlant coloris de *Rembrant* la fougue du pinceau de *Rubens,* et que sans exception d'aucune Collection connue, rien ne peut lui être comparé de ce Peintre.

GONSALES (Cock).

70. *Peint sur toile, larg.* 64, *haut.* 42 *p.*

Les Portraits d'une famille distinguée de la Flandre, composés dans un Genre historique. La Mère entourée de ses Enfans, dans le milieu du Tableau, voit arriver son Mari qui lui présente un Lièvre au retour de la chasse. La principale richesse de la composition portée sur la droite, fait voir chaque Personnage dans des attitudes variées avec les attributs qui le distinguent : un Garçon tient une Guitare en lisant sa Musique, la Sœur débout à la droite de sa mère, et vêtue d'une Robe de Satin blanc, tient son Eventail d'une main et son Chapeau de l'autre ; vers la droite, un joli Enfant joue avec un Chien. Tout est en action dans ce beau Tableau dont le fond représente le riche Paysage d'un Parc.

Ce Morceau où *Gonzalès* a déployé tous ses talens, la force de son coloris et sa belle manière de peindre, est un des grands Ouvrages que l'on

cite de sa main, ayant le plus souvent borné ses
portraits à une seule Figure.

NAIN (LE).

71.   *Peint sur toile, larg.* 43, *haut.* 39 *p.*

Le Sujet simple et naturel d'une Famille à table pour prendre son repas, dans le moment du
Benedicite. On y compte huit Figures différemment costumées, dans la belle proportion de
demi-nature.

Sans nous arrêter à un plus long détail sur le
Sujet de ce Tableau, nous nous bornerons à fixer
l'attention sur son extrême vérité dans les caractères ainsi que dans les attitudes et l'action des
Personnages. On se rappellera sans doute qu'il a
passé dans différens Cabinets renommés.

TENIERS (DAVID).

72.   *Peint sur toile, larg.* 28, *haut.* 23 *p.*

Ce Tableau, d'un faire léger, facile et vrai
dans ses détails, représente le Point de vue de
quelques Chaumières entourées d'Arbres occupant tout le second plan, et laissant voir sur

le devant, dans la partie droite, un vieux Jardinier tenant sa bèche d'une main et une cruche
de l'autre pour aller au travail ; sa Femme assise
à quelques pas, semble lui parler en tenant un
Dévidoir et ayant à sa gauche son Rouet pour
filer ; plusieurs Poules dans le milieu contribuent
à l'intérêt du Sujet, ainsi que différentes Poteries, Ustensiles de ménage et Légumes qui
enrichissent la gauche, en portant l'œil vers
une Barrière de planche qui offre un charmant
lointain de Paysage et l'Entrée d'un village. Ce
joli Tableau est l'image fidelle de la nature.

TENIERS (D a v i d).

73. *Peint sur bois, larg.* **10**, *haut.* 7 *p.*

Un autre petit Tableau de cette touche admirable et de ce ton clair et argentin familier
à *D. Teniers* dans sa plus grande force. Il représente le Point de vue de quelques Chaumières
et l'entrée d'un Village. Plusieurs petites Figures
touchées avec esprit, sont répandues sur les différens plans ; on y remarque entr'autres un Paysan qui roule une Brouette.

On ne peut pas présenter un plus charmant

échantillon du Maître, ni plus digne de servir de guide aux Amateurs qui désirent posséder quelques Ouvrages de la main de *Teniers*.

PAR LE MÊME.

74. *Peint sur bois, larg.* 12, *haut.* 9 *p.*

Dans une Chambre rustique du ménage d'un Paysan de la Flandre, on voit l'Homme et la Femme à table, prenant leur repas. Cette dernière est occupée à couper une tranche de jambon pour la servir à son mari qui est placé à sa droite où quelques poteries forment accessoires; du côté opposé on voit encore un Chat accroupi sur un os. Les moindres détails de ce Peintre spirituel dans sa touche, ont un intérêt qui lui était particulier pour embellir la nature sans sortir de la vérité.

PAR LE MÊME.

75. *Peint sur bois, larg.* 33, *haut.* 26 *p.*

Dans un intérieur de Tabagie flamande se voyent quatre Paysans autour d'une Table, causant et buvant leur bierre, la pipe à la main. Du côté opposé formant la gauche du sujet, et dans un plan plus éloigné, on distingue deux Paysans qui se chauffent devant une Cheminée. Différens accessoires de Poteries et autres détails sont répandus dans ce morceau où *Teniers* a voulu imiter la touche et les caractères de *Brauwer*.

TENIERS (David).

76.   *Peint sur bois, larg.* 30 *, haut.* 23 *p.*

Ce charmant Tableau composé dans le style de *Momper*, représente l'étendue d'un Rocher ouvert en arcade, et formant des percés sur la Campagne. Le Peintre a établi dans cette demeure pittoresque de Forgerons différemment occupés à leur travail. Ces Figures, d'un esprit de touche admirable, et plusieurs accessoires, contribuent à l'intérêt général de cette production qui forme une agréable variété dans tous les genres que cet imitateur fidelle de la nature a voulu rendre.

77.   **PAR LE MÊME.**

Une Truie et ses petits, charmante étude par l'esprit de la touche, et précieuse pour un

Artiste. Nous ne la recommandons que sous ce rapport.

UDEN (VAN).

78. *Peint sur bois, larg. 18, haut. 12 p.*

Ce beau Tableau digne de la brillante exécution de *P. P. Rubens*, offre un vaste Point de vue de Paysage enrichi de Côteaux et Montagnes d'où descendent des Torrens qui se répandent en bouillonnant sur tous les premiers plans de la partie droite. Différens Arbres du même côté ajoutent encore à la magnificence de ses détails. L'effet général du Tableau caractérise le moment où Jupiter, accompagné de Mercure, punit par une inondation les Paysans qui leur avaient refusé l'hospitalité ; Philémon et Baucis sont seuls épargnés dans ce désastre. C'est le sujet des quatre Figures qui enrichissent la partie gauche. *Voyez le trait de la Fable.*

- Rien ne justifie davantage les talens de *Van Uden*, que de rapporter ici qu'il a souvent été employé par *Rubens* dans les fonds de ses Tableaux, pour la partie du Paysage.

D

U D E N (van).

79.   *Peint sur bois, larg. 18, haut. 12 p.*

Un autre Point de vue de Paysage encore d'un agréable détail, paraissant représenter un site montagneux des environs de Gramont en Flandre, où l'on distingue les détails d'un gros Village.

Ce Tableau est d'une touche soignée et d'une belle fraîcheur de ton, mais il aura tout son avantage en étant séparé du précédent.

C A B E L (van der).

80.   *Peint sur toile, larg. 27, haut. 23 p.*

Point de vue d'un Paysage et des Fortifications d'une Ville, avec une Rivière sur les premiers plans, couverte de grandes Barques indiquant le mouvement d'un Port. Différens groupes de Figures y sont distribués avec intérêt. Ce Peintre qui avait une grande facilité d'exécution, a fort approché de la manière du *Poussin* qu'il avait pris pour modèle, ce qui donne beaucoup de relief à ses Ouvrages.

PAR LE MÊME.

81. *Peint sur toile, larg.* 20, *haut.* 15 p.

Le sujet d'une jeune Femme accompagnée d'un Homme se faisant dire la bonne aventure par des Bohémiennes. En second plan, à gauche, on voit encore des Personnages autour d'un feu. Jolie composition et d'un excellent ton de couleur.

ECOLE DE RUBENS.

82. *Peint sur toile, larg.* 89, *haut.* 65 p.

Cette riche composition offre le sujet d'une Danse italienne formant une chaîne qui met tous les Personnages, hommes et femmes, qui la composent, en présence du Spectateur. Cette scène plaisante par le mouvement des Figures et la variété des groupes, offre aussi beaucoup d'intérêt par la fraîcheur du coloris et la grande facilité de son exécution, qui ne peut être que d'une main habile de cette célèbre Ecole du génie et de la couleur.

En laissant anonyme ce beau Tableau de

D *

place par sa dimension , nous devons assurer les Amateurs, qu'il est d'un grand éclat à la représentation.

F O U Q U I E R.

83.   *Peint sur toile , larg.* 10, *haut.* 7 *p.*

Ce joli échantillon du Maître , représente un Point de vue de Paysage situé au bord d'un Canal sur lequel un Homme conduit son Bateau.

ECOLE HOLLANDAISE.

RHYN (REMBRANDT VAN)

84.   *Peint sur toile , haut.* 55, *larg.* 38 *p.*

Ce morceau capital et dans la plus belle proportion des Figures, représente le sujet de l'Adoration des Mages, dans lequel ce grand coloriste a prodigué toute la richesse de son pinceau et de son Art dans la magie du clair obscur. Cette scène imposante et religieuse se passe au-dehors d'une Etable rustique. Dans la partie droite on voit la Vierge tenant l'Enfant. Tandis qu'un des Rois est prosterné en offrant de l'or pour présent, deux autres personnages sont derrière, dans l'attitude et l'expression la plus humble ; en second plan et debout, dans l'habillement le plus riche, est un des Rois auquel un Page présente la Cassette des Parfums ; à la gauche et au-devant de la composition se voyent deux Personnages de marque par leurs caractères et leurs costumes, qui semblent être de la suite du Roi noir qui se distingue du même côté en troisième plan sacrifié, ainsi que par un grand Parasol qu'un Officier porte au-dessus de sa tête. Cette composition de plus de vingt Figures, peut être citée comme un des miracles de la peinture, sous tous les rapports de l'Art. La France ne possède rien de plus marquant de ce grand Maître de la couleur, du moins dans cette grande proportion de morceaux de chevalet. Il est du nombre de ces productions dont la description la plus étendue ne peut donner qu'une faible idée. Cependant nous osons assurer qu'il rappelle le souvenir d'un autre chef-d'œuvre (*) qui n'a fait que passer en France.

____

(*) La Femme Adultère.

RHYN (REMBRANDT VAN).

85. *Peint sur toile, haut. 42, larg. 36 p.*

Le Portrait d'un jeune Personnage hollandais de la figure la plus gracieuse. Il est représenté à mi-corps, la tête de trois-quarts, tournée sur l'épaule droite, et portant une chevelure blonde sous une toque de velours ; son habillement est un large pourpoint d'un étoffe verdâtre. Il est dans le costume du tems, paraissant partir pour la chasse, ayant un Oiseau de proie sur le poing.

86.   L E   P E N D A N T.

Il représente une belle Femme dans la proportion du précédent et en regard. Elle est représentée presque de face et de carnation blonde, coiffée d'une Toque ornée de plumes mêlées de perles et de pierreries. Son habillement est composé d'un corsage et d'une jupe de soie, et recouvert d'une large pelisse fourée, ayant les mains l'une sur l'autre, tenant un éventail.

C'est à juste titre que ses deux admirables

Portraits ont été célébrés en Hollande comme
des chefs-d'œuvre de leur Auteur, et dans lesquels il a voulu se surpasser par un fini extraor-
dinaire, sans sortir pour cela de sa manière
magique et savante. Nous ne faisons que répéter
ici le langage d'admiration des premiers Amateurs de l'Europe, qui les ont désirés dans des
tems où les plus grandes sommes n'auraient
pas déterminé les familles à en faire le sacrifice. On ne doit qu'aux circonstances l'avantage
de voir ses deux Chefs-d'œuvre dans la circu-
lation du commerce des Arts.

PAR LE MÊME.

87.   *Peint sur toile, haut.* 39, *larg.* 33 p.

Le Portrait d'un Homme indiquant par son
costume un Personnage de la Magistrature. Il
est représenté à mi-corps, proportion de nature et de face, coiffé d'une ample chevelure
grisâtre, portant un collet de batiste d'où pen-
dent des glands qui se détachent sur un habillement noir, et ayant la main gauche sur son
fauteuil. Cette Tête d'une grande vigueur de
carnation, est d'une hardiesse et d'une puis-

sance de touche dignes de la célébrité de son
Auteur. On peut aussi bien mettre cette pro-
duction au rang des plus rares Etudes pour une
Ecole, comme pour l'ornement de la plus riche
Galerie.

GUELDER (Arnould de).

88. *Peint sur toile, larg.* 43 *, haut.* 36 *p.*

    Le sujet d'une jeune Femme dans le carac-
tère de la Mariée juive. Elle est représentée debout dans une belle proportion de nature et
jusqu'aux genoux, occupée de sa toilette. Un
Page est à sa droite et lui présente une Aiguière.
Une Table couverte d'un riche Tapis, et chargée d'objets propres à la parure, forme accessoire à la droite et devant la principale Figure.

    Une grande richesse de couleur annonce
l'ouvrage d'un disciple recommandable de *Rembrandt*, dont on connaît des productions mar-
quantes dans le genre de l'Histoire.

DOU (Gérard).

89. *Peint sur bois, haut.* 32 *, larg.* 28 *p.*

    Ce Tableau de la plus riche ordonnance,

qui porte la date de 1653, offre le sujet capital
d'Esther devant Assuérus. Ce Roi est représenté
sur son Trône et environné de sa Garde et des
Grands de sa Cour, dans le moment qu'il touche de son Sceptre la Reine tremblante à son
aspect et de l'éclat de sa puissance ; derrière
elle, à la distance du troisième plan, se voyent
les Femmes de sa suite parmi les Soldats qui
gardent l'entrée du Palais.

Cette composition magnifique et pleine
d'intérêt dans ses détails, présente dans plusieurs parties très-marquantes, le cachet du Maître, la délicatesse de son pinceau, la fraîcheur
et la finesse des teintes. Nous regrettons de n'a-
voir trouvé aucune note sur la filiation d'un
morceau aussi curieux et d'un aussi brillant aspect. On doit croire néanmoins qu'il est de la
jeunesse de *G. Dou*, plutôt que d'un âge avancé.
Nous en laissons la décision au jugement public,
qui peut seul fixer sa valeur et la place qu'il
mérite.

BERGHEM (NICOLAS).

90.   *Peint sur toile, larg. 65, haut. 52 p.*

Ce Tableau, au-dessus des éloges comme plu-

sieurs de cette Collection, ne peut pas se décrire briévement pour en exposer les détails,
la richesse du site et l'imposant éclat de son
aspect. La partie droite offre une masse de
Rochers entremêlés d'Arbres d'où descendent
des Torrens qui tombent en Cascade en se
répandant sur les différens plans. Le côté opposé offre de riches Côteaux et Montagnes
où se mêlent quelques Fabriques qui ressortent
avec le plus grand Art sur un Ciel lumineux
chargé des plus beaux Nuages. Tous les devans
coupés par différens Chemins, sont enrichis de
Figures et de quelques Animaux distribués aussi
simplement que le présente la Nature, et em-
bellis par la touche pleine de charme de *N.
Berghem* dans sa plus grande force. Le site,
qui paraît être pris dans les environs d'une Forêt,
lui a fourni le motif de représenter des Villa-
geoises qui vont ramasser du bois mort. Celle
que l'on distingue principalement, est debout près
de son Ane déjà chargé de quelques Fagots,
et paraissant attendre une autre Femme ac-
croupie et occupée à déchirer un vieil Arbre
pour en avoir les branches. A sa droite est un
Pâtre qui semble causer avec elle. Tout ce que
l'on peut désirer de détails précieux, de Plantes,

Broussailles et de vieux Arbres renversés, y est prodigué avec le plus grand goût.

Ce Tableau que l'on peut annoncer avec assurance comme une merveille d'exécution, de richesse et de couleur, ne peut-être comparé qu'à lui-même. Nous invitons les Amateurs du vrai beau, à croire que notre description est fort au-dessous des éloges qu'il mérite.

BERGHEM (NICOLAS).

91. *Peint sur toile, larg.* 59, *haut.* 38 p.

Un autre magnifique Tableau encore de la belle qualité de ce célèbre Peintre, offrant un riche Point de vuë de Paysage dont toute la partie gauche est occupée par une masse de Roches entremêlées d'Arbres et Arbustes. Le côté opposé présente une grande étendue de Prairies, Côteaux et Montagnes baignés par un Fleuve qui se répand en sillonnant jusque sur les premiers plans du sujet, qui sont ornés d'un groupe de Figures parmi lesquelles on remarque un Paysan monté sur son Ane et causant avec une Femme qui porte un Panier rempli de linge sur sa tête. Quelques Animaux et Personnages sont encore répandus sur les différens plans du Tableau, qui se termine par un Ciel nuageux indiquant la fin d'un beau jour d'Été.

Nous ne pouvons que répéter ici ce que nous avons dit de l'article précédent, ce Tableau étant encore de la grande force du Maître. Il serait curieux de lui donner pour compagnon le sujet de Paysage étonnant et magique par *Arth. van der Néer*, qui est détaillé sous le N.° 69, autant par son mérite que par sa dimension.

CUYP (ALBERT),

92. *Peint sur toile, larg.* 64 , *haut.* 48 *p.*

Ce chef-d'œuvre d'exécution, de couleur et d'intelligence dans la magie et le piquant de ses effets, représente le Point de vue d'une Prairie couverte de Bestiaux sur ses différens plans. La partie gauche où le Peintre a porté la principale richesse de son sujet, offre trois belles Vaches de ton chaud et roussâtre, dont une debout semble reconnaître une Paysanne chargée de ses seaux, qui vient pour la traire. Ces Animaux, dans la proportion de demi-nature, se détachent sur un feuillé de Ronces et de Broussailles mêlées parmi des Roches. Le côté opposé présente une masse de Paysage avec quelques Fabriques qui se perdent dans l'horizon d'un Ciel de la plus étonnante harmonie, indiquant l'heure du couchant. Tous les premiers plans sont enrichis de plusieurs belles Plantes, d'un jeune Pâtre couché et endormi, et de deux Pots à lait de cuivre.

Cette Production qui peut-être classée au nombre des merveilles de Peinture parmi les plus précieux morceaux du genre hollandais, frappera d'admiration et d'étonnement, autant ceux qui sont exercés sur tous les détails de l'Art, que ceux qui ne s'arrêtent qu'à l'illusion de la Nature ; et l'on doit dire que cet Artiste a, comme *Claude le Lorrain*, avec un sentiment plus fougueux, découvert la couleur à peindre le Soleil. C'est avec assurance et sans crainte de rencontrer des contradicteurs, que nous avançons que ce Tableau n'a pas son second dans toute la curiosité de l'Europe. Il est pour *Albert Cuyp*, ce qu'est le fameux sujet du vieux Pâtre et de la grande Vache, par *P. Potter*, qui fait l'honneur du Musée.

CUYP (Albert).

93. *Peint sur toile, larg.* 57, *haut* 42 p.

Un autre Tableau du même Peintre, offrant une intéressante variété de sujet avec le précédent. Il représente un site de Paysage champêtre couvert de quelques grands Arbres légérement feuillés, se détachant sur un fond de Montagnes qui forment une masse imposante et de caractère sur la partie gauche, et dans le plus beau ton de demi-teinte parfaitement en harmonie avec la chaleur du Soleil ; en second plan, dans le milieu, on voit avec autant d'intérêt que de vérité, un Troupeau de Vaches et de Moutons que gardent trois jeunes Pâtres. Cette partie très piquante du Tableau, ressort sur un lointain de Village et d'une Forteresse, terminé par une Montagne élevée qui se lie à un ciel vaporeux du couchant. Les premiers plans sont enrichis de plusieurs Figures de Chasseurs, dont un sur un Cheval blanc qui court au galop. De belles Plantes se réfléchissant dans un Lac, et quelques autres détails, terminent cette naturelle et intéressante production, dans laquelle on reconnaîtra la touche brillante de son Auteur.

LAIRESSE (GÉRARD DE).

94. *Peint sur toile, larg. 66, haut. 61 p.*

Ce sujet allégorique et de caractère par la belle proportion des Figures, représente une Femme assise sur un riche Tapis, tenant de la main droite une Palme. L'Amour debout à sa droite et appuyé sur ses genoux, tient son Flambeau allumé. Cette principale Figure drapée dans un style large, est couronnée par l'Abondance qui est portée sur un Nuage.

Ce Peintre renommé en Hollande, est toujour représenté dans l'Ecole comme son modèle, ce qui est justifié par son œuvre en Gravure, qui est toujours donné pour prix d'encouragement, parce qu'il a traité l'Histoire, les Plafonds et tous les genres de décors avec un égal succès. C'est encore lui qui a donné aux magnifiques et précieux Paysages de *Glaubert*, une plus grande valeur en les ornant de belles Figures presque toujours motivées sur un sujet intéressant de la Fable.

PINAKER (A d a m).

95. Peint sur toile, haut. 36 *, larg.* 32 *p.*

Deux magnifiques Points de vue de Paysages pittoresques, offrant les plus riches détails dans les lointains, la variété des Arbres et des Plantes ; l'un indique une belle matinée, l'autre un soir. Dans le premier, au milieu du sujet, se voit une Vache roussâtre dans le plus savant raccourci, frappée d'un coup de Soleil le plus piquant et le plus admirable, et qui semble lutter contre les agaceries d'un Chien ; plus loin est encore une Chèvre, et sur un plan élevé, à droite, une Paysanne et un Pâtre gardant leur Troupeau. L'autre Tableau, d'un site absolument opposé, offre de riches lointains de Prairies et une chaîne de Montagnes qui se détachent vigoureusement sur l'horizon. Toute la partie droite est occupée par de grands Arbres du plus admirable feuillé, qui se trouvent éclairés par le lever du Soleil. Du côté opposé, en second plan, on distingue un troupeau d'Animaux qui marchent vers un Lac dont les eaux se répandent jusque sur les devans du même côté. Un groupe de Moutons et de Chèvres que

gardent des Paysans , occupe et forme la
plus belle richesse dans le milieu du premier
plan.

C'est avec connaissance d'une grande partie
des Ouvrages de cet Artiste, que nous assurons avec confiance, qu'il est impossible d'en
citer de plus parfaits jusque dans leurs moindres détails. La grâce , la fermeté de la touche,
ainsi que le précieux de l'exécution et le grand
art des effets, ne laissent rien à désirer.

PINAKER (ADAM).

98. *Peint sur toile , haut.* 34, *larg.* 30 *p.*

Deux autres Tableaux encore de cette perfection qui excite l'admiration , autant par la
richesse des détails que par le plus admirable fini
et dans une force de coloris qui les distingue
peut-être. L'un représente un massif d'Arbres
et de Montagnes mêlés de Ronces et de Branchages, de cette touche de goût si familière
à ce grand Paysagiste. La partie du milieu offre
une masse de Roches caverneuses et pittoresques
où se trouvent de vieux Troncs et Racines d'arbres
portés au plus haut degré d'étude pour faire

illusion. Le premier plan vers la gauche, est enrichi d'une belle Vache que garde un jeune Garçon qui tient un Nid, et accompagné de son Chien. L'autre Tableau pris dans un Point de vue qui indique l'entrée dun Bois, offre également les plus riches détails dans la nature et la forme des Arbres. On y distingue principalement le Bouleau par le brillant de son écorce, et les lumières piquantes qu'il prend du Soleil. Tout le premier plan est encore enrichi de belles Plantes, de Fleurs et de Ronces touchées avec autant d'art que de goût.

Ces quatre Tableaux qu'une description abrégée ne saurait rendre, par leurs immenses détails et la richesse de leur exécution, suffiraient seuls pour attirer la foule des Curieux et des amis de l'Art, quand il est porté au plus haut degré d'illusion de la nature embellie par la touche précieuse et brillante d'un aussi grand Artiste.

WENINX (J.-B.)

97. *Peint sur toile, larg.* 30, *haut.* 24 *p.*

Un Tableau de la plus rare qualité, par le

brillant de sa touche, la vigueur de son coloris et le grand éclat de son effet général. Le Sujet, qui paraît être emblématique, offre dans la partie droite un groupe de Personnages différemment assis au pied d'un Portique de riche Architecture, pour prendre une collation; on y distingue une jeune Femme dans un habillement de soie jaune drapé de bon goût; elle est placée entre un Cavalier dont elle reçoit les caresses, et un Vieillard, dans une posture suppliante, qui lui présente une bourse. Derrière ce groupe et debout est un Soldat cuirassé, tenant une grande épée qui semble indiquer dans le Cavalier un personnage puissant sur lequel il veille; plus loin, toujours sur la droite, on remarque encore un jeune Garçon et une Vieille qui boivent et mangent. Un Lion, une Chèvre, un Léopard et autres animaux indiquent le Sujet d'une allégorie; une grande Arcade à la gauche, découvre par son ouverture un Point de vue de Paysage et des lointains de Montagnes qui se détachent sur le cie chaud d'un bel après-midi d'été.

Ce précieux tableau de chevalet réunit toute les perfections de l'Art, et tout le piquant d'effet que peut désirer l'Amateur le plus délicat; il est

E *

enfin de la rare qualité du magnifique Sujet à la Chèvre, si digne de sa renommée dans la curiosité.

R U Y S D A E L (JACQUES).

98. *Peint sur toile*, *larg.* 38, *haut.* 31 *p.*

Ce Tableau de la plus rare qualité par son beau faire et la richesse de ses détails, offre le Point de vue d'un Paysage du plus grand intérêt, indiquant le site d'une Forêt coupée par des Plaines et plu-sieurs Chemins; la partie du milieu, dans un Point d'optique le plus vrai, est frappée du princi-pal coup de lumière et forme un percé qui décou-vre des lointains de Plaines et de Prairies; à gau-che et à droite s'élèvent des groupes d'Arbres soutenus d'un ton vigoureux sans faire perdre le moindre détail; toute la partie du premier plan est ornée, avec le plus grand art, de Plantes, de Troncs d'arbres et d'une Haie. Après le mérite particulier de cette production de première classe et du plus précieux choix, il n'est pas indifférent de le voir enrichi de six Figures de la main de *N. Berghem*, parmi lesquelles on distingue un Personnage sur un Cheval blanc, traversant une Mare; on y voit encore quelques Moutons et deux Chiens.

Ce Tableau est une de ses productions classi-
ques où le Peintre a réuni tous ses moyens et ses
grands talens pour illustrer son nom par un chef-
d'œuvre, et donner à l'étude du Paysage un modèle de l'image parfaite de la nature et de sa richesse; il est du nombre de ces Tableaux où la
description la plus soignée est insuffisante pour
exprimer le merveilleux de l'Art.

PAR LE MÊME.

99. *Peint sur bois, larg.* 33, *haut.* 26 p.

Un autre Tableau moins important que le
précédent, mais encore de la belle qualité du
Maître par le plus beau faire et la clarté de ses
détails. Il représente le Point de vue d'un Paysage en pleine campagne, enrichi d'Arbres et de
Chaumières. Le milieu est traversé par un Chemin sablonneux piqué d'un coup de lumière, où se
voit un troupeau de Moutons que conduit un
Pâtre. Le premier plan sacrifié dans un admirable ton de demi-teinte, est enrichi de diverses
Figures et quelques Animaux par un Artiste qui
semble avoir été dirigé par la touche facile et
spirituelle de *Nicolas Berghem,* ainsi que dans ses

caractères. Si ce beau morceau ne venait pas à
la suite d'un chef-d'œuvre de son Auteur, il
serait digne d'être classé, par sa belle qualité, au
premier rang.

OSTADE (ADRIEN VAN).

100. *Peint sur bois, haut.* 16, *larg.* 13 *p.*

Adrien Van Ostade lui-même. Il s'est re-
présenté·dans son Atelier, et occupé à peindre
devant son chevalet, et dans le milieu du Sujet
qui est éclairé par une croisée pittoresque, garnie
de vigne au dehors ; et sur la partie droite on distingue encore dans la profondeur de la chambre
deux jeunes Garçons occupés à nettoyer les pin-
ceaux de leur maître. Nombre d'ustensiles de tout
genre sont répandus avec autant de goût que de
vérité sur tous les plans du Tableau.

C'est avec justice que cette admirable production a toujours été considérée comme un des
excellens Ouvrages du Maître, par son admirable intelligence de clair obscur, la richesse de
la couleur, l'esprit et la vérité de ses détails. Il
est effectivement impossible de donner par les
moyens de l'art, plus d'intérêt à un Sujet aussi
simple.

PAR LE MÊME.

101. *Peint sur bois, haut. 15, larg. 12 p.*

Un autre Tableau dans un effet opposé au précédent, et encore de la bonne qualité du Maître. Il représente l'intérieur d'une chambre rustique d'un ménage hollandais où l'on voit une Famille à table pour prendre son repas ; quelques Paysans près d'une Croisée et dans un effet vrai de demi-teinte, se font encore remarquer.

Il n'est aucune production d'*Adrien Van Ostade*, qui ne porte le cachet de son grand Art et de la plus grande vérité dans le mouvement et les caractères de ses personnages.

HOOGE (PIERRE DE).

102. *Peint sur toile, haut. 30, larg. 24. p.*

Ce précieux Tableau qui soutient la renommée de son Auteur dans la magie du clair obscur et les effets piquans du Soleil, représente un intérieur d'appartement décoré d'Architecture et pavé de marbre. Il offre pour principales Figures deux Hommes et une Femme qui font de la Musique. Entre ces personnages est encore un joli Enfant coiffé d'un Chapeau orné de Plumes ; du même côté, dans un plan éloigné, le Peintre a placé dans une porte deux Personnages qui causent ensemble, autant pour varier les effets de ses jours que pour donner de la richesse à son Sujet.

Pierre de Hooge est le Peintre hollandais qui s'est le plus attaché à l'effet de l'optique dans les scènes familières qu'il a représentées dans le ton le plus clair et le plus piquant. Le Tableau que nous venons de décrire a tous ces avantages, et fait honneur à cette collection.

HOOGE (PIERRE DE).

103. *Peint sur toile, haut. 48, larg. 35 p.*

Un autre Tableau du même Peintre, fait au premier coup, comme morceau de place pour l'ornement d'une cheminée. Il représente un Sujet de quatre Personnages dans un intérieur d'Appartement; on y remarque un Cavalier offrant un verre de liqueur à une Dame assise près d'une Cheminée où se voit encore un Homme en menteau gris, qui se réfléchit dans une Glace.

STEN (JEAN).

104. *Peint sur toile, larg. 63, haut. 40 p.*

Ce magnifique et riche Tableau qui caractérise l'originalité de son Auteur, paraît représenter le Sujet de Laban en voyage avec sa Famille et ses domestiques pour chercher ses dieux ; composition dans le style d'une Caravanne. La partie gauche, où le Peintre a porté le principal intérêt, offre un groupe de plusieurs Personnages parmi lesquels on distingue un Homme vu par le dos, magnifiquement drapé et du dessin le plus habile, paraissant regarder celui qui vient de faire ouvrir un coffre ; en avançant dans le milieu du premier plan, on voit encore une Femme assise et richement vêtue, tenant son Enfant, tandis que trois autres s'amusent plus loin à jouer ensemble. Toute la partie droite sacrifiée dans une belle harmonie de demi-teinte laisse distinguer des Valets qui tirent du vin d'un Tonneau. Le Paysage qui sert de fond à cette intéressante composition, est de l'accord le plus parfait et de cette touche hardie et facile qui présente le grand Maître.

Nous abrégerons cette description en assurant qu'il n'y a pas une des plus petites parties de ce Tableau qui n'attire l'admiration et qui ne montre l'un des plus grands Peintres de cette Ecole dans toutes les variétés de Sujets qu'il a traités.

BACRKUYSEN (Louis).

105. *Peint sur toile, haut.* 60 *, larg.* 30 *p.*

Ce Tableau du plus riche détail, offre la Vue

du Port de Batavia et des principaux édifices de la Ville, qui occupent tout le fond du Tableau. La Mer dans une légère agitation est chargée d'une quantité de Navires sous différens Pavillons, et de plusieurs Barques, dans le mouvement le plus vrai et variés dans leurs formes. Le Rivage est couvert de Figures de diverses Nations, mêlées parmi les Matelots ; à la gauche et dans une voiture attelée de deux Bœufs, est un Personnage de distinction qui reçoit les salutations de plusieurs Voyageurs ; dans le milieu un Tartare à cheval se fait remarquer en courant au galop.

Ce riche et précieux Ouvrage du plus nombreux détail, offre dans toutes ses parties le grand Art et la belle manière de son Auteur.

BOTH (Jean).

106. *Peint sur toile, larg.* 55 *, haut.* 38 *p.*

Le Point de vue d'un riche Paysage de site montagneux dans toute la partie droite, et couvert d'Arbres parmi lesquels se mêlent des torrens qui tombent en cascades et se répandent sur les terrains du premier plan. Le côté opposé offre des côteaux garnis d'Arbustes et de Broussailles. Différentes Plantes et quelques Figures sont distribuées avec un grand goût sur tous les premiers plans du Tableau.

Nous regrettons que ce beau Paysage se trouve encore dans l'état où le propriétaire l'a acquis, avec l'intention de lui faire la restauration qu'il exige et qu'il mérite, mais qu'il paraît avoir totalement oublié avec tant d'autres d'une égale valeur.

OSTADE (ISAAC VAN).

107.   *Peint sur bois, larg.* 36, *haut.* 26 *p.*

Un des Ouvrages marquans de cet Artiste, sous le rapport de l'ordonnance et la richesse de ses détails. Au dehors d'une Hôtellerie on voit nombre de Personnages dont le groupe principal laisse voir un Homme et une Femme qui dansent ensemble au son d'une Musette dont joue un jeune Paysan élevé sur un Tonneau ; un Homme qui paraît de distinction et accompagné d'une Dame, se mêlent aux spectateurs pour prendre intérêt à cette scène villageoise. Deux Enfans du même côté forment une richesse agréable sur le premier plan ; un beau fond de Paysage contribue à l'agrément du Sujet, et se lie dans une excellente harmonie avec tous les détails.

VOYS (ARIES DE).

108. *Peint sur bois, haut.* 10 , *larg.* 8 *p.*

Ce petit Tableau , très-précieux et de toute
rareté, représente un Homme de la plus belle figure assis dans le milieu du Sujet , au retour
de la chasse et venant de sortir de son carnier une
Perdrix qu'il présente de la main droite. Ce Personnage dans un costume d'habillement pittoresque et de bon goût , est près d'une Table couverte
d'un Tapis de velours rouge ; deux Chiens de
chasse font encore un bel accessoire sur le devant du Sujet , en ajoutant à sa richesse.

Nous pouvons dire avec assurance, qu'il n'y a
que de l'admiration à donner à cette charmante
production qui peut rivaliser avec le Sujet de
même genre que possède le Musée. Ce sont de
ces chefs-d'œuvre qui n'ont point de prix , avec
d'autant plus de raison encore, que le Maître **a**
fait un très-petit nombre de Sujets, ayant toujours été très-occupé du genre des Portraits.

SCHALKEN (GODEFROY).

109. *Peint sur toile, haut.* 21 , *larg.* 17 *p.*

Dans l'intérieur d'un appartement l'on voit

une jeune Dame dans le milieu du Sujet et
près d'une table, se disposant à faire sa toilette;
un Page est à sa gauche et à genoux, tenant un
aiguière et un bassin d'argent pour lui verser de
l'eau sur les mains; en second plan se voit encore
une Femme disposant les Bijoux de sa Maîtresse;
un Rosier dans un Vase de marbre forme un accessoire agréable sur le premier plan, ainsi qu'un
Rideau largement drapé qui fait une belle richesse
dans toute la partie gauche. Le précieux de l'exécution et une bonne entente du clair obscur, est le
juste éloge que nous pouvons donner à cette gracieuse production.

PAR LE MÊME.

110. *Peint sur bois, haut. 8, larg. 6 p.*

Le Portrait d'une jeune Paysanne vue à mi-
corps, coiffée d'un Chapeau de paille orné de
fleurs et de rubans; elle porte sa main gauche à
sa draperie, et tient de l'autre un bâton. Petit
Morceau de la touche précieuse du Maître.

MIREVELT.

111. *Peint sur bois, haut. 39, larg. 24 p.*

Ce Portrait de caractère et d'une belle fraîcheur de carnation, représente un Personnage vu de trois-quarts, portant barbe et moustaches, et ajusté d'une ample Fraise qui se détache sur un habillement de soie noire, dans l'ancien costume hóllandais d'un Représentant des États. Une grande vérité de nature et une exécution précieuse dans la fonte des couleurs ont classé cet Artiste au rang des premiers Peintres de son tems; ils sont devenus très-rares, étant recherchés des Amateurs pour former les premiers rangs des cabinets et les collections de portraits de tous les Personnages qui ont marqué.

BEGA (Corneille).

112. *Peint sur toile, haut.* 18, *larg.* 15 *p.*

Un intérieur de chambre rustique où sont rassemblés quelques Paysans pour boire et fumer leur pipe en causant ensemble. On voit encore à la droite du Sujet une Femme assise qui tient un Verre.

Ce Tableau vrai du Maître, n'est pas du premier choix, étant faible de coloris et peu terminé.

A S S E L Y N (Jean).

113. *Peint sur toile, larg.* 50, *haut.* 28 *p.*

Ce Sujet singulier et plein d'action, représente dans toute la partie droite, un groupe de Cavaliers qui viennent de combattre un Lion que l'on voit mourant dans le milieu de la composition, après avoir déchiré un Cheval et démonté son cavalier ; à la gauche, un autre Lion furieux s'élance sur des Chasseurs qui prennent la fuite. Cette scène de caractère se passe dans un Paysage montagneux coupé de rivières, et se détache avec harmonie sur l'horizon d'un ciel clair et chargé de nuages légers.

Jean Asselyn a fait preuve de son talent dans un Sujet très-opposé au genre paisible de ses précieux Paysages ; on doit croire que c'est d'après quelques relations qu'il a composé cet Ouvrage avec tant de chaleur et d'énergie.

W E R K O L L I E R.

114. *Peint sur bois, larg.* 29, *haut.* 22 *p.*

Ce Tableau de la plus riche composition et

du meilleur choix parmi le nombre des gra-
cieuses productions de son Auteur, représente
le Sujet du Repas de Cléopâtre et de Marc
Antoine, dans le moment où cette Reine
détache la Perle dont elle était parée, pour la
faire dissoudre dans une Coupe.

Une agréable variété dans les attitudes des
personnages, un bon style de draperies et un
exécution précieuse sont les caractères qui distinguent cet excellent Artiste, dont les Ouvrages son recherchés pour figurer parmi les
rares productions de son Maître, le chevalier
Van der Werf.

VERBOOM.

115. *Peint sur toile, larg.* 27 *, haut.* 21 *p.*

Dans un Site de paysage couvert de différentes masses d'Arbres et coupé par plusieurs
Chemins. L'on remarque un Pont qui conduit
à un Château baigné par un Canal. Tous les
détails de cet excellent Tableau, sont en
harmonie avec un Ciel nuageux indiquant une
Soirée. Quelques Figures de Pâtres et autres,
par *Barendt Gaël*, ajoutent à l'intérêt de ce
Morceau qui est de la belle touche du Maître.

WICK (Thomas).

116.   *Peint sur toile, haut.* 17, *larg.* 15 *p.*

Ce Tableau intéressant et curieux par ses nombreux détails, l'esprit et la fermeté de la touche, représente l'intérieur du laboratoire d'un Chimiste. On voit ce Personnage dans le milieu du Sujet et près d'une Table, appliqué à lire quelques passages sur son art. Une Croisée à la droite, éclaire de la manière la plus piquante et dans une excellente harmonie de clair obscur, le nombre d'accessoires que le Peintre a prodigués pour l'intérêt et le charme d'un Sujet qui aurait été trop simple par lui-même.

On verra par cette production, que le talent du Peintre peut illustrer le plus petit genre.

GRAAT (Barent).

117.   *Peint sur toile, haut.* 30, *larg.* 25 *p.*

Le Sujet très-agréable d'une Compagnie d'Hommes et de Femmes rassemblés au dehors d'une Hôtellerie, à la suite d'une partie de

F

promenade. Dans le milieu de cette plaisante composition on distingue une jeune Femme assise et vêtue d'un habillement de Satin blanc, à laquelle un Cavalier également assis près d'elle, présente de la liqueur. A la gauche de ces Personnages sont encore plusieurs Hommes et Femmes, dont deux jouent aux Cartes sur une Table où se trouve posé un Tapis rouge et un petit Chien épagneul. Du même côté, sur un plan élevé des Degrés de l'Hôtellerie et près de la Porte, on voit un Homme qui caresse une jeune Servante. Du côté opposé et sur le devant, le Peintre a placé deux Musiciens ambulans, l'un jouant du Violon, l'autre de la Vielle. Ce Sujet gracieux et pris dans les scènes familières, ressort sur un fond de paysage mêlé de Fabriques, qui se termine par un Ciel lumineux et brillant.

Ce Morceau soigné dans ses détails, pourrait dans plusieurs parties se soutenir auprès des beaux Ouvrages de *Terburg*. Nous l'annonçons aussi comme une des productions de choix du Maître.

GRAAT (BARENT).

118. *Peint sur toile, haut.* 20, *larg.* 18 *p.*

Un autre Tableau du même Peintre, offrant le Sujet de huit Personnages, Hommes et Femmes, qui forment un Concert sous un Vestibule composé de Colonnes en arcades, qui laissent découvrir la Campagne.

Ce Tableau est encore de la belle exécution de cet excellent Peintre, qui a toujours choisi des Sujets plaisans et gracieux.

DIETRICCI (ERNEST).

119. *Peint sur toile, haut.* 36, *larg.* 30 *p.*

Le Baptême de l'Eunuque, composition riche et sévère, dans un Site de paysage agreste qui convenait à ce Sujet de caractère. Dans le milieu du Tableau on voit Saint Pierre au bord d'un Fleuve, dans l'attitude et le moment qu'il va donner la grâce du baptême à ce converti qui est prosterné dans le plus profond recueillement. Une quantité de Spectateurs sous différens costumes de Militaires indiens et orientaux, forme à la gauche la plus grande richesse par la variété des caractères, des attitudes et des ajustemens. Un Ciel nuageux et couvert, contribue par son silence à faire ressortir avec éclat et dans une grande force de coloris, tous les Personnages et les Détails du Sujet.

Nous devons à cette magnifique production le tribut d'hommage qu'elle mérite pour fixer l'attention des Amateurs qui recherchent les Ouvrages les plus recommandables de chaque Maître. Ceux de *Dietricci* se distinguent particulièrement par une touche précieuse et brillante qu'il a puisée dans l'étude du beau feuillé de *Salvator*, ainsi que dans ses Sites de roches majestueuses et pittoresques.

DIETRICCI (ERNEST.

120. *Peint sur toile, larg.* 52*, haut.* 34 *p.*

Ce second Tableau encore de la plus rare qualité par son beau faire à l'imitation de la touche large et savante de *Salvator*, représente un Point de vue d'une vaste campagne traversée par une Rivière dans toute sa longueur, et partagée de riches Côteaux et Montagnes qui se perdent dans l'horizon d'un beau Ciel. Un grand Arbre qui se détache sur des Roches, forme une belle et vigoureuse opposition sur la droite. Tout le premier Plan offre des Prairies couvertes d'Animaux que gardent des Pâtres.

Suivent les Tableaux par différens Maîtres de leurs Écoles, ou belles Copies dont les Auteurs sont anonymes.

121. = Jésus-Christ faisant la Pâque avec ses Disciples. Tableau soigné de l'École du Caravage. 17. p. sur 14.

122. = Un Tableau d'un vrai mérite, offrant le Sujet de Renaud dans les bras d'Armide, au moment que les Chevaliers Danois viennent le chercher. On distingue dans le haut un Amour qui lance une flèche. 43 p. sur 27.

123. = Le Sujet atroce, mais de caractère, de Philomèle et Thérée. Cette mégère présente au Roi effrayé qui porte la main sur son épée, la tête de son fils. Une Table renversée

sur le premier plan, à la gauche, est un des accessoires qui caractérisent cette catastrophe. 50 p. sur 36.

124. = Méléagre apporte à Attalante la tête du sanglier qu'il vient de combattre. Une jolie Figure de l'Amour forme un brillant accessoire dans la composition, qui présente par sa riche couleur une production de l'Ecole de *Rubens*. 54 p. sur 42.

125. = *Ecole de Le Sueur.* = Junon dans son char accompagnée de Diane et autres Divinités. Composition gracieuse et riche dans son ensemble comme dans ses détails. 3o p. sur 24.

126. = Le départ de Loth et de sa Famille sous la conduite des Anges. Composition bien groupée, d'une exécution facile et d'une riche couleur, indiquant l'Ecole de *Rubens*. 40 p. sur 3o.

127. = *Par un ancien Maître Flamand.* = Un Sujet de la Création avec tous les détails qui le caractérisent. 40 p. sur 27.

128. = La Vierge représentée debout et à mi-corps, tenant l'Enfant Jésus dans ses bras. Sujet de caractère qui se détache sur une drape-

rie verdâtre. Morceau qui tient à l'Ecole d'*Andrea del Sarte.* 42. sur 30.

129. = Deux Tableaux composés pour des plafonds, offrant des Sujets allégoriques au Commencement et à la Fin du jour. Dans l'un en voit l'Amour dans un Char traîné par des Coursiers. Il est environné des Heures et précédé de Flore qui sème des Fleurs sur la Terre, l'autre représente la Nuit déployant ses ailes et répandant ses Pavots, tandis que d'autres versent la Rosée. Ces compositions poëtiques présentent la manière et l'exécution de *Le Sueur* dans le tems qu'il a travaillé pour l'*Hôtel Lambert.* 56 *p. sur* 36.

130. = D'après *Raphaël.* = La Vierge assise dans un intérieur, tenant son fils sur ses genoux, à qui elle présente des fleurs. Cette composition gracieuse est éclairée par une croisée élevée, et se détache sur le fond d'une belle draperie verte. 12 *p. sur* 9.

131. = Un Sujet allégorique en l'honneur d'un grand Personnage dont on voit l'Apothéose dans le haut de la composition. Il est amené par Hercule et couronné par Jupiter. Le bas du Tableau

offre encore un Temple et les Vices terrassés par le Génie des beaux Arts. 24 *p. sur* 18.

132. = *Ecole de Jean Belin.* = Deux Tableaux très curieux sous le rapport de l'Histoire de la Peinture. L'un représente le Mariage de la Vierge, composition de six Figures; l'autre Saint Joseph à genoux devant un Personnage sur un Trône, et dans le moment que le Saint Esprit vient se placer sur un Lis. Accessoire ordinaire à ce personnage. 17 *p. sur* 13.

133. = *Inconnu.* = Très-beau Tableau, Sujet du Massacre des Innocens. Riche composition offrant tout le mouvement de cette scène désastreuse. Les carnations en sont fortes et variées, pour donner au Sujet un véritable intérêt.

134. = *Ecole de Rubens.* = Ce Tableau de la plus brillante couleur, représente une Figure allégorique placée dans une Niche en forme de Portique. La partie droite offre six Amours occupés à suspendre une Guirlande de fruits, pour enrichir le Sujet. Morceau peint avec une grande force. 33 *p. sur* 24.

135. = *D'après le Poussin.* = Une pré-

cieuse copie du Sujet de la Peste. Composition trop connue pour en faire un plus long détail.

136 = *Inconnu.* = Le Sujet d'un malade dans son lit, auquel un Religieux apporte à boire. Ce Tableau paraît avoir été fait pour perpétuer le souvenir d'un hospice fondé par le Cardinal de Richelieu, chaque lit portant ses Armes.

137. = *Idem.* = Un Sujet de la Sainte Famille dans un intérieur, et servie par des Anges. A la droite on en voit deux répandant des fleurs sur l'Enfant Jésus qui est dans son berceau. 25 *p. sur* 20.

138. = *Van der Kabel.* = Un Sujet de Joseph descendu dans la citerne par ses Frères. Composition qui tient au style du *Poussin.* 20 *p. sur* 14.

139 = *Inconnu.* = Ce Tableau de 24 *p.* sur 19, offre le Sujet d'une Paysanne montée sur une Mule, et suivie d'un jeune Pâtre qui conduit son Troupeau.

140. = *Idem.* = Deux Personnages, Homme et Femme, dans un costume Vénitien, se promenant ensemble. 9 *p. sur* 7.

141. = *Ecole espagnole.* = Saint Joseph représenté assis et de grandeur naturelle, tenant l'Enfant Jésus sur ses genoux, cherchant à jouer avec un Clou qui est sur un Etabli de menuisier. Quelques parties de ce Tableau rapellent la touche gracieuse de *Murillo.* 54. *p. sur* 44.

142. = *Inconnu.* = Un Miracle de Saint Pierre en présence de plusieurs personnages, pour donner le Baptême à un Guerrier. Une Gloire d'Anges fait une belle richesse dans le haut du Tableau. 20 *p. sur* 28.

143. = *Ecole de Rembrandt.* = Ces deux Tableaux, de forme ovale, représentent les Portraits des filles de cet Artiste. 20 *p. sur* 17.

144. = Idem. *D'Otto Venius.* = La Vierge dans toute sa gloire, couronnée par deux Anges, tandis que nombre d'autres forment un Concert céleste. Morceau d'une couleur éclatante. 31 *p. sur* 22.

145. = *Inconnu.* = Le sujet de plusieurs Paysans rassemblés dans une Chambre rustique, dont deux jouent aux Cartes sur un Tonneau. On remarque encore un Enfant devant une Cheminée. 24 *p. sur* 17.

146. = *Ecole française.* = Deux Tableaux faisant pendans. L'un représente la **Naissance** de la Vierge ; l'autre, les Frères de Joseph qui lui apportent des Présens.

147. — *Jean de Mabuse.* = Tête de Femme vue de face, dans l'expression de la douleur. Morceau d'une précieuse fonte de couleur. 17 *sur* 12.

148. = *Inconnu.* = Un intérieur de Cuisine où se voyent des Militaires, dont deux à Table dans le milieu du sujet. 22 *p. sur* 16.

149. = *Idem.* = Un petit Tableau sur cuivre, représentant Sainte Thérèse à genoux devant son Prié-Dieu.

150. = *Ecole française.* = Le sujet de l'Enlèvement d'Europe au moment où le Taureau s'élance dans la Mer. On voit les Compagnes de cette Nymphe, dans l'expression de la surprise et effrayées. 22 *p. sur* 16.

151 = *Ecole de Gérard Dou.* = Petit Tableau cintré du haut, représentant un Médecin dans son Laboratoire, examinant une Fiole qu'une Femme vient de lui apporter.

152. = *Inconnu.* = Un autre petit Tableau, effet de lumière, représentant, à ce que nous croyons, une Mère qui alaite son Enfant.

153. *Ecole du Poussin.* = Dans un Paysage agreste mêlé de Roches, on voit sur les premiers plans une famille de Faunes et leurs Enfans, dont un danse en tenant un Tambour de Basque.

154. — Un Paysage de site sévère, à l'imitation du *Guaspre*, offrant en second plan de belles Fabriques au bas desquelles est une Pièce d'Eau de forme circulaire et bordée de quelques grands Arbres. Parmi les différentes Figures qui ajoutent à l'intérêt du Tableau, on distingue la Vierge tenant son Fils et accompagnée de deux Anges qui sont prosternés.

155. = *Ecole du Giorgion.* = Un Homme de la plus belle Figure, sous un Costume riche et pittoresque qui indiquerait un personnage de marque, et peut-être un Comédien ; il est décoré d'une Chaîne d'or, vu presque de face et coiffé d'un Chapeau de forme originale, orné de plumes et de draperies, se disposant à jouer d'une Cornemuse. Des notes indiquent

que ce peut être le portrait de Gaston de Foix.
40 *p. sur* 30.

156 = *Inconnu.* = Le Point de vue et les détails
d'un Palais d'Architecture et d'un Monument
ruiné au bord de la Mer. Le premier plan est
enrichi de Figures parmi lesquelles on distingue
un groupe de Paysans, ainsi qu'un Ane et un
Chien. L'Architecture tient au style de *Sal-*
viousse, et les Figures à la touche *J. Miel.*

157. = ~~Le Sueur.~~ = Le sujet de Jésus-Christ
crucifié entre les deux Larrons. Composition de
caractère, provenant d'un Oratoire et offrant
la première manière de ce grand Artiste en
quittant l'Ecole de son Maître. 48 *p. sur* 36.

158. = Un autre Tableau qui peut être attri-
bué à *Vernansal*, offrant un sujet de la Vierge
assise, vue jusqu'aux genoux, présentant à
boire à son Fils, et accompagnée du petit Saint
Jean avec l'attribut qui le caractérise. 40 *p. sur*
30.

159. = Saint François en extase et prosterné
dans un fond de Paysage qui tient au style
large de *Salvator.* 13 *p. sur* 9.

160. = *Watteau.* = Point de vue d'un Parc enrichi sur la gauche d'un Bassin et Cascade où sont arrêtés un Homme et une Femme qui causent ensemble. Dans l'éloignement sont encore quelques personnages. Ce Tableau a quelque effet à la distance.

161. = Le sujet d'une jeune Nymphe qui paraît se défendre des caresses d'un Faune. Cette Femme se retient à un Arbre derrière lequel est la statue de Pan. Petit morceau soigné et d'une bonne couleur, qui peut être de *Pierre Van der Werff.*

162. = Deux petits Tableaux sur cuivre, offrant des sites de Paysages de la Flandre, par *Scovaert.* Ils sont enrichis de quelques Figures et divers Animaux.

163. = Une suite de huit Tableaux de forme en hauteur, convenable à la décoration d'un Salon. Ils représentent des Paysages avec sujets de Figures et Fleurs. La dimension de la hauteur est uniforme de 84 *p.*, sur différentes largeurs.

164. = Un autre suite de six Tableaux, même forme des précédens, offrant aussi le même

usage. Ils représentent chacun une Figure
peinte en Camayeu et allégorique au Plaisir,
à l'Abondance, l'Union conjugale, la Fécon-
dité, etc.

165. = Deux Figures de grande proportion de nature, peintes sur bois, et décou-
pées pour faire trompe-l'œil dans un Vestibule.
Elles représentent des Personnages couronnés,
largement drapés, et d'une touche facile. Style
de *Vignon*.

166. = Le Portrait d'une jeune Femme
représentée de grandeur naturelle, et assise dans
un Fauteuil. Elle est vêtue dans le riche costume hollandais, d'un habillement jaune, en
soie, garni d'une dentelle en argent. Maître
inconnu. 29 *p. sur* 24.

167. = *Van Oort.* = Le sujet de la Résurrection du Lazare. Composition d'une riche
ordonnance, où l'on voit Jésus-Christ au milieu de ses Apôtres. 54 *p. sur* 44.

168.=*Inconnu.*= La Vierge debout terrassant
le Vice sous la forme d'un Dragon. Elle tient
son Fils qui cueille une branche de Lis. On

voit dans le haut du Tableau le Père éternel dans sa gloire. 30 *p. sur* 24.

169. = *Inconnu.* = La Madeleine pénitente, couchée sur une Nate de Paille, avec les attribus qui la caractérisent. 35 *p. sur* 28.

170. = *Ecole des Carraches.* = Le Christ mort descendu de la Croix et dans les bras de Joseph d'Arimatie et Saint Jean. Trois Anges forment encore un riche accessoire au sujet. 22 *p. sur* 16.

171. = *Ecole de Salvator.* = Deux Tableaux d'un grand éclat par la richesse de leur site et le brillant de leur effet général. Ils représentent des Points de vues de Paysages mêlés de Roches de la touche libre et hardie de *Salvator.* 36 *p. sur* 28.

172. = *Ecole de Solimène.* = La Naissance de la Vierge. Composition d'une bonne ordonnance. 30 *p. sur* 24.

173. = *Inconnu.* = Le Rassemblement de plusieurs Militaires dans une Grange servant de Corps de-Garde. On y remarque l'un de ses personnages appuyé sur son Fusil. 40 *p. sur* 30.

174. = Environ cent Tableaux de tous genres,
sujets et dimensions, qui attendent la restauration, seront détaillés dans chaque vacation.
Les Connaisseurs y trouveront sans doute des
morceaux d'un vrai mérite qui demandent leurs
surveillance.

Groupes et Figures en terre cuite, par CLODION.

175. = Un charmant groupe offrant le sujet
de la *Fontaine d'Amour*, dans lequel est ajusté
un mouvement de pendule, par *Pinson*, à Paris
allant 8 jours et marquant les heures, et demies.

176. = Un autre groupe, encore par le célèbre *Clodion*, et de son meilleur tems. Il est
composé de trois Figures de femmes en cariati-
des, qui supportent un Globe de verre renfer-
mant un mouvement de pendule. Ouvrage très-
précieux par *Lepaute*. Cet article du meilleur
goût, réunit les talens de deux Artistes très-re-
nommés chacun dans leur genre.

177. = Deux groupes composés avec une
grâce infinie et d'un admirable goût de touche.
L'un représente le *Désir*, et l'autre la *Pudeur*.

G

Cet Artiste n'a rien exécuté de plus aimable et d'un dessin plus élégant.

178. == Un autre groupe de deux Figures, offrant le Sujet d'un jeune Faune et une Bacchante portant sur sa tête un Tambour de basque rempli de raisins et feuillages de vigne, donnant la main à un joli Enfant. Ce morceau est encore plein de charme et de goût dans la pensée et le faire.

179. == Un joli bas-relief, sujet de trois Figures, par le même. Il est de forme ovale.

180. == Un autre bas-relief, sujet de Mars et Vénus accompagnés des Amours.

181. == Groupe de deux Enfans qui jouent avec une Chèvre. Joli Morceau par *Delarue*, socle de bois doré.

182. == Deux Enfans en regard et assis. Jolies études. Auteur *inconnu*.

Groupes et Figures en Bronze.

183. == Deux forts groupes d'une belle fonte. L'un représentant Vénus sur les eaux, accompa-

gnée de plusieurs Amours ; l'autre , cette
Déesse retenant Adonis. Ils sont placés sur des
pieds de marqueterie par *Boulle*, enrichis de
fontes dorées.

184. = Un autre beau groupe de forte proportion , sujet de *Bacchus et Ariane*, ajusté sur
un fort socle de forme ronde, en fonte dorée.

185. = Les deux Vases de Médicis, de la plus
belle proportion connue, avec toutes les richesses de bas-relief qui les décorent. Cet article de
haute curiosité est porté sur des colonnes carrées de granit rose des Vosges, avec encadrement de fonte dorée, à feuilles d'ornement. Le
tout avec socle carré en granit vert.

186. = Deux très-beaux bronzes, sujets d'Enfans, de *Pigal*; l'un connu et désigné sous le
titre de l'*Enfant à la Cage*, et l'autre, pour
pendant, tient un Oiseau d'une main et une
Pomme de l'autre. Ces morceaux de belle curiosité, sont placés sur de riches socles à fil de perle
en fonte dorée d'or moulu. Ce modèle, passé
dans l'étranger, est devenu très-rare. Ils proviennent de la Vente du frère de l'Auteur, et

sont reconnus comme les plus précieusement réparés.

187. = Deux groupes de belle proportion, représentant l'un un sujet de *Bacchus*, et le pendant, *Cérès*. Ils sont portés sur des pieds carrés à oves en fonte dorée.

188. = Deux autres précieux groupes, composés chacun de trois Figures ; l'un offre le sujet de l'*Enlèvement de Proserpine*, l'autre *Orithie dans les bras de Borée*. Avec pieds carrés en fonte dorée, à frises d'entrelas.

189. = Une Chèvre sur sa terrasse adhérente. Petit Morceau de *Milière*.

Vases de Porphire, Marbre serpentin et autres matières précieuses.

192. = Un magnifique Vase de porphire rouge d'Egypte, de belle qualité, aussi forme d'urne à anses à jour prises dans la masse, et couvert. Il est évidé à l'épaisseur de sept à huit lignes. Piédouche de même matière, dans la proportion antique.

191. = Un autre Vase de même forme et proportion, en porphire vert de rare qualité, aussi avec son couvercle et piédouche.

Ces deux Vases purs de forme et du plus beau profil, sont imposans et ne brillent que par la richesse de leur matière et la perfection de leur précieux travail romain. Ils sont portés sur des socles carrés en fonte dorée au mat.

192. = Deux autres Vases encore de belle qualité de porphire rouge, forme d'œufs, terminés de colets en voussures, avec anses évidées prises dans la masse, et de forme carrée arrondie, dans le genre à la grecque, avec couvercles et piédouches aussi en porphire d'Egypte; socles même matière.

193. = Deux forts Vases en porphire de France, forme d'urnes, et garnis d'anses à ornemens de genre arabesque en fonte ciselée et dorée au mat.

194. = Deux précieux Vases de marbre serpentin antique, forme d'œufs, et à anses prises dans la masse, absolument pareils à ceux du N.º 192. Ils sont portés sur de beaux socles de

même matière, et plinthe en cuivre doré au mat.

261--195. = Deux moyens Vases, de même forme, aussi en serpentin, sur socles de granit rose.

90- 196. = Un Vase de milieu, en serpentin, forme de Médicis, avec son couvercle de fonte dorée, portant une girandole à trois lumières, en cuivre doré au mat.

1150 -197. = Deux beaux Vases de granit rose oriental de France, forme oblongue ; leurs couvercles garnis de Boutons et Calottes ; le haut du corps, d'un bandeau à feuilles de vigne et grappes de raisin, têtes de Beliers de chaque côté, et cul de lampe. *Catalogue de Boisset*, N.° 453. *Vendu* 2000 fr.

261- 198. = Une précieuse Colonne tronquée en granit rose de rare qualité, garnie de son tors en cuivre doré ; le tout sur socle carré aussi en granit.

220 199. = Deux autres Fûts de Colonnes de belle proportion, en granit verdâtre des Vosges, avec tors uni en cuivre doré ; le tout sur plinthe de même granit.

200. = Deux Vases d'albâtre, forme de na-
celle, avec couvercles et piédouches de même
matière.

201. = Plusieurs Socles en marbre de différentes qualités et grandeurs, qui seront détaillés
dans les Vacations.

Antiquités Egyptiennes et Camées.

202. = Isis en basalte verdâtre, agenouillée,
tenant dans ses deux mains deux Boules; la
plinthe et le revers chargés d'Hiéroglyphes.
Ce rare et précieux Monument fut apporté
d'Egypte par le feu duc *de Chaulnes*, et pro-
vient en dernier lieu de la vente *Julliot*,
N.° 135. *Vendu 440 fr.*, *haut. 12 p.*

203. = Camée antique de grand volume,
placé en Médaillon sur une Boîte d'or, monture de *Vachet*, à Paris. Le sujet est un Sacrifice à Cérès. Composition de cinq Figures qui
se détachent en blanc opaque sur un fond qualité de Sardoine. A la droite est un vieux
Faune assis jouant d'une double Flûte, tandis qu'une Nymphe et un Berger soutiennent

une draperie jusqu'à la Statue de la Déesse, et qu'une seconde Nymphe consomme le Sacrifice au-dessus d'un Autel. Cette Pierre importante sous tout les rapports, n'échappera pas, sans doute, aux Connaisseurs; il est d'ailleurs trop rare de voir en vente un Morceau aussi capital, qui offre en même-tems le Bijou le plus magnifique. Grandeur du Camée ovale en largeur. 21 *et* 23 *lig.*

204. = Un autre Camée encore d'un beau volume, sardoine blonde, et le sujet en relief, d'un blanc de lait brillant, pareillement monté avec le plus grand goût, par le même Artiste. Cette Pierre qui charme par son travail et la grâce du sujet, représente Vénus dans son Char, et accompagnée d'une Nymphe à sa droite, tandis que deux autres Nymphes drapées à l'antique, sont attachées au Char de la Déesse des Grâces; l'Amour debout sur le Timon, contribue à l'union et à l'harmonie de la composition. C'est tout ce que le bel Art de la Gravure peut présenter d'aimable. Si la première est imposante et sévère, celle-ci le rachète par l'aspect le plus flatteur. Nous laissons aux Con-

naisseurs d'assigner l'époque de ce précieux
travail. Ovale en travers, portant 20 *lig. sur* 15.

Ancien Laqué du Japon et de la Chine.

205. = Deux charmans morceaux de Laque
de la Chine, fond noir, à dessins tracés en or,
figurant des Pavillons, avec compartimens et
tiroirs. Ces pièces de Cabinet sont encore en-
richies de diverses incrustations de Burgos, dit..
Nacre de perle, du travail le plus délicat.

206. = Deux Caisses de forme en losange,
même qualité, garnies d'anses et autres ornemens en fonte dorée.

207. = Une Cassolette composée de deux
Magots à genoux supportant un Balon. Morceau richement monté d'une gorge à jour avec
terrasse en fonte, ciselée et dorée.

208. = Deux Magots couchés chacun sur
un Canapé groupé avec des Vases.

209. = Une Ecritoire à compartimens et
tiroirs, garnie en fonte dorée.

210. = Une jolie Gondole également en vieux Laque, fond noir, à dessins tracés en or.

211. = Un Paravent à six feuilles, en Laque de la Chine fond noir, à dessins de Pagodes et Arbustes tracés en or.

212. = Deux autres Paravens de Laque fond rouge, à sujets de Châteaux et Arbustes.

213. = Un autre Paravent à huit feuilles, fond noir de la Chine, à dessins de Châteaux et Pagodes tracés en or. Il est doublé d'une étoffe richement brodée en soie et argent.

Porcelaines anciennes du Japon et de la Chine.

214. = Deux magnifiques Urnes, dite *première sorte* du Japon, de forme ronde, à dessins très - intéressans d'Oiseaux, Ramages et Terrasses sur le pourtour, avec Bandeaux à broderie de feuillages et fleurs rouges sur le collet et le haut de leur panse ; garnies de gorges à tors de laurier et cannelures, d'anses carrées à fortes Têtes de Satyres, et de riches

Culs de lampe, avec piédouches et plinthes en Bronze doré.

Ces morceaux de grand volume sont décrits dans le Catalogue de *Boisset*, N.º 5o7. *Vendues* 61oo fr.

215. = Deux grands Aigles en regard perchés sur des Troncs d'Arbres de même Porcelaine, et placés sur pieds à Culs de lampe à trois consoles chantournées en Bronze doré. Collection de *Boisset*, N.º 555. *Vendus* 11oo fr.

Ces deux Morceaux sont rares par leur qualité et le caractère de fierté de ses animaux, qui marquent admirablement dans un Cabinet.

216. = Deux Bouteilles de forme oblongue à quatre pans, fond blanc, à Bouquets de Fleurs et Plantes, dite *première sorte du Japon*, avec pieds, collets et boutons en fonte dorée.

217. = Deux autres Bouteilles, même forme et qualité, montées sur des pieds à feuilles de persil, en fonte dorée.

218. = Deux Mortiers à huit pans, fond blanc, à cartouches de Fleurs, Pagodes et Branchages, montés sur pieds à quatre consoles.

219. = Deux autres moins grands et même genre, à bords bruns.

220. = Deux Groupes de Roseaux aussi première sorte; plus, deux petites Buires même qualité.

222. = Deux Plateaux d'ancien Japon, montés sur des pieds à griffes de lion, et un large cercle en anneaux, etc.

Bleu céleste et violet d'ancien Chine.

222. = Deux morceaux de grand volume, en forme de Barils, à dessins de Dragons, Chimères et Plantes demi-relief. Leurs couvercles surmonté d'un Magot nommé *Rieur*, adhérent à la Porcelaine. Ces pièces du plus beau bleu dans cette rare qualité, sont ajustées sur de riches pieds en fonte dorée.

223. = Un fort Lion-Chimère, ancien bleu céleste, adhérent à son pied carré de même porcelaine d'un beau violet. Très-belle pièce dans cette qualité pour un milieu.

224. = Deux Vases à six pans, à dessins de

Fleurs, gauffrés à léger relief, richement garnis de masques marquant les anses, et autres ornemens en fonte de belle dorure.

225. = Deux autres Vases, même forme et qualité, avec quelques changemens dans la garniture ; les couvercles surmontés d'un petit Lion adhérent.

226.=Deux Perroquets d'un beau bleu uni, ajustés sur terrasse, et montés en Girandoles à deux bobèches et branchages.

227. = Deux Magots rieurs montés en Girandoles à deux lumières.

228. = Deux autres, mêmes genre et qualité.

229. = Deux Vases à Serpens enlacés marquant les anses, fond écaille de poisson ; ils sont garnis de pieds, bords et chaînons en cuivre doré.

230. = Deux Palmiers montés en Girandoles à deux lumières, et ajustés de branchages et autres ornemens de cuivre doré.

231. = Deux autres Palmiers non montés, accompagnés de Poules pintades.

232. = Deux Chiens sur terrasse, de même Porcelaine, montés sur des pieds de fonte dorée.

233. = Un Pot pourri composé d'un morceau d'ancien violet, forme d'un Fruit, accompagné de deux petits Perroquets même qualité; le tout monté sur terrasse en fonte dorée.

234. = Une Tasse contournée, ancien violet, avec Magot bleu céleste adhérent dans l'intérieur, et trois autres pièces.

Suite des Porcelaines de la Chine et du Japon.

332. = Très-beau Magot par son caractère, et recommandable par sa rareté, dans la plus ancienne qualité. Il est représenté assis, les Jambes et les Bras croisés, tenant un Bâton qui traverse d'un bout dans les Cordages d'un Balot, et de l'autre dans des Troncs d'Arbres. Morceau précieux ajusté sur une terrasse de bronze, et entourée de Roseaux.

236. = Un autre Magot encore de rare qualité. *91-*
Il est représenté dans un caractère expressif et riant, dans l'attitude de lier sa jarretière, ayant à sa gauche un panier qui le désigne sous le titre de *Hotteux*. Morceau encore de belle curiosité dans son genre.

237. = Un autre plus petit Magot aussi *20.* nommé *Hotteux*, et ajusté sur une Table posée sur un Rocher de la plus ancienne Porcelaine. *—Tanglier* Le tout monté sur un pied de cuivre à ornemens.

238. = Un autre, même qualité et encore très-fin, monté sur son pied de fonte dorée, ajusté d'un petit Pavillon de genre chinois.

239. = Un Magot nommé *Décharné*, ajusté d'une large draperie en céladon. Morceau plein d'esprit et de caractère.

240. = Deux très-petits groupes de deux Magots debouts, composés chacun de deux Figures de la plus ancienne Porcelaine, avant la plus légère idée du dessin et des caractères. Cet article n'a rien de flatteur, mais il peut être de la première curiosité pour ceux qui classent la Porcelaine dès son origine.

241. = Un Magot rieur, groupé avec deux Enfans et des Chiens sur une espèce de Tambour de basque. Porcelaine coloriée du Japon.

242. = Deux belles Figures de Mandarins, nouveau Chine très-brillant de couleur : l'un tenant sa Barbe et l'autre un Livre.

243. = Deux Buffles en regard, surmontés chacun d'un joli Magot qui les conduisent. Ces Morceaux d'ancienne terre, sont curieux en ce genre.

244. = Un Daim et une Biche couchés, en terre jaunâtre mouchetée de blanc. Cet article est encore d'un beau choix.

245. = Deux Chiens-Chimères, en terre brunâtre. Ces Morceaux et les suivans peuvent être curieux.

246. = Trois Vaches ou Taureaux couchés. Même qualité de l'article précédent.

247. = Un beau Chat accroupi sur une terrasse en rocaille de fonte dorée. Cet animal est de ton verdâtre rayé de brun, avec des yeux rapportés en émail.

248. = Deux jolies Tasses, ancienne terre des Indes, forme de fruits, à branchages et de relief; plus, une Théière même qualité,

249. = Deux belles Bouteilles à grosses panses et à longs goulots, en porcelaine de la Chine, fond rougeâtre, *dite jaspée*; elles sont garnies de collets et chutes de draperies mêlées de Pampres marquant les anses, avec leurs socles à entrelas, en fonte ciselée et dorée d'or moulu.

250. = Une autre Bouteille, même forme et qualité, plus forte que les précédentes, aussi garnie d'un collet à masque de faune, chute de draperies et rinseaux marquant les anses ; avec un riche pied à ornemens d'entrelas et rosaces. Le tout en fonte de belle dorure.

251. = Deux belles Bouteilles de même qualité de porcelaine jaspée, à grosses panses, garnies d'anses en consoles, collets et pieds en fonte dorée.

252. = Deux grandes Bouteilles à longs goulots, fond blanc à dessins tracés en or. Elles sont garnies d'anses qui se terminent en feuilles

H

d'acanthe ; leurs pieds ainsi que les autres ornemens sont en fonte dorée.

253. = Deux Vases carrés, en forme de
caisse à fleurs, en porcelaine de la Chine, fond
bleu lapis, à dessins tracés en or ; les anses
prises dans la porcelaine.

254. = Deux moyens Vases craquelés, gri-
sâtres, à anneaux bruns isolés pris dans la porcelaine, avec socles en bois noirci.

255. = Un Flacon d'ancien Japon de couleur fond blanc, et cartouches fond rouge.

256. = Deux Carpes celadon, portant des
troncs d'arbres du plus ancien Chine.

257. = Deux autres belles Carpes celadon,
ajustées sur des troncs d'arbres, et garnies de
petits pieds en cuivre doré.

258. = Un Pot pourri de très-ancienne porcelaine, composé d'une coquille forme de lima-
çon, garnie de son ancienne monture en fonte
dorée.

259. = Très-beau Vase d'ancienne terre du
Japon, couleur de bronze antique. Il est en forme
de Bouteille à long goulot et panse arrondie. Le
tout ouvragé de dessins en relief, sur fond gauf-
fré à petits carreaux. Ce Morceau curieux, et
peut-être unique dans ce genre, est richement
décoré de fontes dorées. *Vendu* 400 fr.

260. = Deux Bouteilles à grosses panses,
méplates, avec anses adhérentes et à jour, figurant des oiseaux; porcelaine bleu lapis.

261. = Trois moyens Vases à six pans, fond
bleu et côtes blanches; nouveau Chine.

262. = Deux bouteilles fond brun clair, à
dessins de plantes et fleurs en blanc, demi-relief.

263. = Deux fortes Bouteilles couleur de
bronze antique, montées sur des pieds à quatre
griffes de lion ; collets et couvercles surmontés de pommes de pin.

264. = Deux belles Bouteilles ancien Chine
de couleur à fond rouge et dessins de modèles,
plantes et broderies, garnies de pieds et boutons
en cuivre doré.

265. = Deux Vases alongés, forme de fruits, à branchages de relief, en porcelaine céladon ; plus, un moyen Vase même qualité, à dessins de fleurs et branchages de relief bleus et blancs.

266. = Deux jolies Gondoles en porcelaine de Chine, coloriées, ayant chacune un Magot sous un pavillon à ornemens de cuivre doré.

267. = Deux petites Cassolettes à six pans, montées en cuivre doré ; très-ancien Chine de couleur.

268. = Deux Lions-Chimères ; ancien Japon de couleur.

269. = Deux grands Flambeaux de porcelaine couleur lapis, montés en fonte dorée ; ancien modèle.

270. = Un Vase à compartimens, d'ancien truité fin, lié dans le haut en forme d'un mouchoir.

271. = Deux Jattes contournées, même qualité de porcelaine, montées sur pied de cuivre doré.

272. = Deux Lions-Chimères en porcelaine jaunâtre, à dessins coloriés, de la Chine.

273. = Deux autres, même genre, moyenne proportion.

274. = Deux *idem*, plus petits.

275. = Environ trente Pièces de porcelaine de tout genre et qualité, Jattes, Vases, Animaux, etc., qui seront détaillées sous ce N.°

276. = Deux forts Vases de belle forme, en porcelaine de Sèvres fond blanc, avec Bandeau jaunâtre au pourtour du corps, décorés de peintures, arabesques et figures, et ouvragés de branchages de relief, dessins de mosaïques en losange; le tout rehaussé en or. Ils sont garnis d'anses en consoles et à jour en fonte dorée au mat. Ces deux pièces sont d'un excellent goût et très-riches par le détail de leurs ornemens.

Riches Meubles de BOULLE, *et dans son genre.*

277. = Deux Armoires, hauteur de quatre pieds, ouvrant à deux venteaux, et tiroirs dans

H **

l'épaisseur de l'entablement, plaquées en ébène, et richement décorées de cadres, moulures, rosaces et autres ornemens, sur les modèles de *Boulle*.

278. = Une belle Console d'ancienne marqueterie, par *Boulle*, richement décorée de mufles, griffes de lion et autres ornemens en fonte de belle dorure d'or moulu; son dessus en marqueterie, représente un *Sujet de Singes* qui dansent sur la corde.

279. = Deux magnifiques Meubles en marqueterie, de *Boulle*, seconde partie à un venteau principal dans le milieu en avant corps, décorés chacun de figures de Cérès et Bacchus en bas-relief, portées sur des consoles; l'entablement enrichi de larges feuilles d'acanthe. Ces Meubles de cabinet, très-riches par leur bon style et leurs ornemens, ont des dessus de marbre, genre du bleu turquin.

280. = Deux autres charmans Meubles nommés Bas-d'armoire; en précieuse marqueterie. Première partie ouvrant à deux venteaux à panneaux de glace en verre blanc, richement garnis d'équerres, cadres, rosettes et autres

ornemens de fonte dorée. *Largeur, hauteur et profondeur*, 42, 36 *et* 14 *p.*

281. = Deux jolis Cabinets du meilleur goût, en marqueterie, cuivre et étain, richement décorés de cadres, moulures et rosettes en fonte dorée; dessus de marbre de France.

282. = Deux magnifiques Armoires du meilleur goût de *Boulle*, en marqueterie, cuivre et étain; ouvrant chacune à un venteau, décorées de larges médaillons historisques en fonte dorée, et autres ornemens. Ces deux Meubles, les plus riches de leur genre, proviennent du Cabinet de M. *de Calonne. Hauteur, largeur et profondeur*, 52, 38 *et* 17 *p.*

283. = Un grand Secrétaire encore en belle marqueterie de *Boulle*; seconde partie ouvrant à abatant; riche entablement à oves et autres ornemens; dessus de marbre brèche violette, encadré d'un quart de rond en cuivre lisse.

284. = Deux belles Colonnes tronquées, plaquées en ébène et à cannelures de cuivre lisse, avec leurs tors à feuilles de laurier, sur plinthes aussi en ébène.

285. = Très-belle Commode en marqueterie; première partie à trois tiroirs. Ce Meuble du plus grand goût dans le genre sévère, est enrichi de masques de femme couronnées de laurier, moulures d'encadrement, rosettes, chapitaux et autres ornemens en fonte ciselée et dorée. *Hauteur, longueur et profondeur*, 36, 64 *et* 25 *p.*

286. = Deux Bas-d'Armoire en belle marqueterie, aussi par *Boulle*; seconde partie: le milieu en avant-corps, décoré de trophées de musique et figures en bas-relief, les côtés en panneaux de glaces. Ces meubles d'un grand goût, sont décorés d'équerres, moulures d'encadrement, rosaces et autres ornemens en fonte ciselée et dorée. *Haut.*, *larg. et prof.* 36, 55 *et* 14 *p.*

Dorure.

287. = Deux forts Candelabres à tiges et fleurs de lis à trois lumières, ajustés dans des vases d'albâtre de France, décorés d'anses à modèle de ceps de vignes, guirlandes de fruits, feuillages et autres ornemens en fonte dorée. Le tout sur double socle en cuivre et en marbre.

288. = Deux Flambeaux à Figures, modèle de *Boulle*; l'un un Satyre assis sur un Tigre, l'autre une Naïade portant un Dauphin. Ancienne et belle dorure d'or moulu.

289. = Les Articles de tout genre, qui auraient été omis, seront *vendus* sous ce N.º

FIN.

L. P. DUBRAY, Imprimeur du Musée Napoléon, rue Ventadour, N.º 5.

www.ingramcontent.com/pod-product-compliance
Lightning Source LLC
LaVergne TN
LVHW021837170726
843503LV00003B/974